L'OBJET DE L'USUFRUIT

Pour une approche néo-classique des droits réels

Droit privé et sciences criminelles

Collection dirigée par Yves Strickler

Créée fin 2011 par Yves Strickler et le Centre d'études et de recherches en droit privé (devenu le Centre d'études et de recherches en droit des procédures en 2013) de la Faculté de Droit et Science politique de Nice, la présente collection a pour vocation principale de publier des ouvrages en liaison avec le thème retenu pour dénomination de la collection. Cette dernière rassemble des recherches originales, tirées notamment de travaux de recherche, de manifestations scientifiques ainsi que d'ouvrages collectifs sur les interrogations actuelles que rencontre la science juridique, spécialement dans le domaine du droit privé et des sciences criminelles.

Dernières parutions

Le prix en droit des contrats, Audrey Borghini, 2025.
Justice et littérature. Nos gloires littéraires et leurs juges. De Chateaubriand à Zola, 2e édition Marcel Foulon, 2024.
Sixième Coloque Interdisciplinaire sur la Défaillance d'Entreprise (CIDE), Éclairages réciproques du droit et des sciences de gestion sur les concepts de la défaillance entrepreneuriale, Xavier Bredart, Karl Lafaurie, Mariyam Lakhal, Eric Séverin (dir.), 2024.
Recherche sur les modes d'extinction de l'obligation, Lionel Andrieu et Marc Mignot (dir.), 2024.
Réception interne des GPA réalisées à l'étranger, Entre ordres étattiques etdésordres juridiques, Florian Bosmel, 2024.
L'obligation de prêter. Contribution à l'étude des obligations du prêteur, Thomas Puech, 2023.
L'effacement des dettes, Pierre Cagnoli et Pierre-Michel Le Corre (dir.), 2023.
Résilience, rebond des TPE et PME en difficulté. Faut-il sauver l'entreprise quoi qu'il en coûte ? Regards croisés Droit et Gestion, Karl Lafaurie et Alain Rivet (dir.), 2023.
La nouvelle justice pénale des mineurs, Pascal Oudot et Laurent Sebag (dir.), 2022.
La gestion du risque pénal et de la conformité à 360° : de l'audit à l'audience. Interconnexion conformité/PEIE et droit pénal de l'entreprise, David Marais, 2022.
La notion de promoteur immobilier, Delphine Pelet, dir. scientifique du Professeur Blandine Mallet-Bricout, 2022.

Marie Nicolle

L'OBJET DE L'USUFRUIT

Pour une approche néo-classique des droits réels

L'Harmattan

Remerciements

L'auteur remercie le CEDAG, qui a contribué à la publication de cet ouvrage, ainsi que Dominique Legeais, pour son action constante en faveur du rayonnement de la Faculté de Droit de l'Université Paris Cité (ex Paris Descartes).

5-7, rue de l'École-Polytechnique, 75005 Paris
http://www.editions-harmattan.fr
ISBN : 978-2-336-56800-3
EAN : 9782336568003

SOMMAIRE

Listes des principales abréviations

Al.	Alinéa
Art.	Article
Art. préc.	Article précité
Ass. Plén.	Assemblée plénière de la Cour de cassation
Bull.	Bulletin des arrêts de la Cour de cassation
CA	Arrêt de la Cour d'appel
C. civ.	Code civil Dalloz
C. com	Code de commerce
CE	Conseil d'état
Cf.	Confer
Civ.	Arrêt de la chambre civile de la Cour de cassation (1re, 2e ou 3e)
Com.	Chambre commerciale de la Cour de cassation
Crim.	Chambre criminelle de la Cour de cassation
D.	Recueil Dalloz
Dir.	Ouvrage écrit sous la direction de
Éd.	Édition
Ex.	Exemple
Gaz. Pal.	Gazette du palais
Ibid.	Au même endroit
JCP	Juris-Classeur périodique (la Semaine Juridique)
JO	Journal officiel
L.	Loi
LPA	Les petites affiches
N°	Numéro
Op. cit.	*Opus citatum*, ouvrage déjà cité
Ord.	Ordonnance
p.	Page
PUF	Presse universitaire de France
Préc.	Précité
Req.	Arrêt de la chambre des requêtes de la Cour de cassation
RTD civ.	Revue trimestrielle de droit civil
S.	Sirey
s.	Suivants
Vol.	Volume
V.	Voir

Introduction générale

1. Quiconque s'est intéressé au droit des biens se souviendra que le doyen Carbonnier avait brocardé l'usufruit, qualifié d'« institution désuète, aux couleurs de plus en plus fanées »[1], ne servant guère qu'à « l'immense foule des vieilles dames (...), aux mains débiles et inexpertes »[2]. Il semblerait cependant que le temps ait joué en faveur de cette institution. L'usufruit est en effet devenu une technique de gestion des patrimoines plébiscitée tant par les particuliers que par les sociétés[3]. Son attractivité s'explique notamment par son régime fiscal[4] et par la souplesse qu'offre son

---

[1] J. CARBONNIER, cité par J. FOYER, « Démembrement – Ruralité et usufruit – Repère », *Droit rural*, n° 420, fév. 2014, repère 2 et par M. MONASSIER, Introduction aux actes du colloque du 17 octobre 1994, « Démembrement de propriété – vulnérabilité et parades », *Droit et patrimoine*, Hors-série n° 1, janv. 1995, p. 4.

[2] J. CARBONNIER, *Droit civil – Les biens*, t. 3, PUF, 19e éd., p. 178.

[3] Cf. A. RABREAU, *L'usufruit des droits sociaux*, préf. J.-C. HALLOUIN, Litec, 2006, spéc. n° 3 ; L. AYNÈS, « Propos introductifs. Les caractères de l'usufruit », *Droit et pat.*, mai 2005, n° 137, p. 42 ; H. LÉCUYER, « Usufruit et portefeuille de valeurs mobilières », *Droit et patr.*, n° 137, mai 2005, p. 57 ; A. PIETRANCOSTA, « Usufruit et droit des sociétés », *Droit et pat.*, n° 137, mai 2005, p. 64 ; M. GRIMALDI, « Notariat et libéralités. Rapport de synthèse des 4e rencontres Notariat-Université », *Defrénois* 15 janv. 1995, p. 3 et s., n° 18.

[4] V. par ex. l'art 1133 CGI qui prévoit que « la réunion de l'usufruit et de la nue-propriété ne donne ouverture à aucun impôt ou taxe lorsque cette réunion a lieu par l'expiration du temps fixé pour l'usufruit ou par le décès de l'usufruitier ». Ainsi, aucun supplément aux droits d'enregistrements payés par le nu-propriétaire ne lui sera demandé lorsque, à l'extinction de l'usufruit, la pleine propriété se reconstituera à son profit. La cession de l'usufruit d'un immeuble à une personne morale présente également des avantages fiscaux non négligeables. Elle permet en effet au nu-propriétaire, personne physique, d'échapper à l'impôt sur la fortune immobilière, quelle que soit la valeur de sa nue-propriété. Quant à la personne morale usufruitière, elle ne sera pas davantage imposable sur ce fondement, dans la mesure où seules les personnes physiques sont redevables de l'IFI. On peut par ailleurs signaler l'intérêt que peut représenter la donation, par un chef d'entreprise, de la nue-propriété des parts sociales avant la cession de cette entreprise. En effet, un tel montage peut permettre d'échapper à l'impôt sur la plus-value (v. F. DEBOISSY, « Traitement du quasi-usufruit : entre optimisation et limites », *L'usufruit – Travaux de l'Association Henri Capitant*, p. 67 et s.). D'une manière générale, en droit des sociétés, « le recours à l'usufruit permet (...) d'optimiser la détention de l'immobilier d'entreprise, de titres de participation ou encore d'un

caractère temporaire. En particulier, lorsque l'usufruit profite au conjoint survivant[5], il permet à la fois de le protéger en maintenant son train de vie et d'assurer aux descendants la reconstitution, à terme, de leurs droits en pleine propriété. La vigueur de cette institution n'a pas laissé la doctrine insensible. On observe en effet depuis quelques années une multiplication des travaux relatifs à la nature et à l'objet, notamment incorporel, de l'usufruit[6].

2. Il faut dire que depuis la seconde moitié du XXe siècle, les biens incorporels occupent une place incontournable au sein des patrimoines[7]. Certes, ces biens n'étaient pas inexistants en 1804, lors

---

portefeuille de valeurs de placement » (F. DEBOISSY, *art. préc.*, p. 67). Autrement dit, « l'usufruit sait désormais parler les langages de la rentabilité, de la fiscalité et des flux de revenus » (D. FIORINA, « L'usufruit d'un portefeuille de la valeurs mobilières », *RTD civ.* 1995, p. 43 et s., n° 2). En outre, « la dissociation de prérogatives politiques et financières entre l'usufruitier et le nu-propriétaire permet de réaliser différents types de montage, selon les objectifs assignés. Ainsi, l'usufruit permet de contrôler une société tout en minimisant l'investissement. Cette technique semble être tout à fait appropriée dans certaines opérations financières, notamment en matière de capital-risque ou de gestion d'un portefeuille d'autocontrôle » (C. FARGIER-BEDARD, *L'usufruit des valeurs mobilières*, dir. Y. GUYON, thèse dactyl., 2000, Paris 1, n° 5). Sur la gestion d'un portefeuille d'autocontrôle, l'auteur renvoie à J.-D. POITRINAL, « L'usufruit conventionnel d'actions, un outil financier méconnu », *Banque et droit* 1993, n° 31, p. 3.

[5] Depuis la loi n° 2001-1135 du 3 déc. 2001, le conjoint survivant qui se trouve en présence d'enfants communs a la faculté d'opter, au titre de sa vocation légale, pour l'usufruit des biens de la succession (art. 757 c. civ.). Il peut par ailleurs être gratifié de l'usufruit de la totalité de l'actif successoral, même en présence d'enfants non communs (art. 1094-1 c. civ.)

[6] V., sans prétendre à l'exhaustivité, C. FARGIER-BEDARD, *L'usufruit des valeurs mobilières*, dir. Y. GUYON, thèse dactyl., Paris 1, 2000 ; B. LARONZE, *L'usufruit des droits de propriété intellectuelle*, préf. F. COLLART-DUTILLEUL et A. LUCAS, PU Aix-Marseille, 2006 ; A. RABREAU, *L'usufruit des droits sociaux*, préf. J.-C. HALLOUIN, LexisNexis, 2006 ; A. TADROS, La jouissance des titres sociaux d'autrui, préf. T. REVET, Dalloz, 2013 ; N. KILGUS, *L'usufruit des biens incorporels. Contribution à la nature juridique de l'usufruit*, préf. E. NAUDIN et G. WIEDERKEHR, Defrénois, 2018 ; M. FAVRE, *L'usufruit atypique. Étude critique de la notion de démembrement de la propriété*, préf. C. BRENNER, LGDJ, 2020.

[7] V. notamment, R. SAVATIER, « Essai d'une présentation nouvelle des biens incorporels », *RTD civ.* 1958. p. 331 et s. ; P. CATALA, « La transformation du patrimoine dans le droit civil moderne », *RTD civ.* 1966, p. 165 et s. ; F. ZENATI, « L'immatériel et les choses », *Le droit et l'immatériel, APD* 1999, n° 43,

de l'adoption des textes relatifs à l'usufruit. Toutefois, à cette époque, la fortune était essentiellement immobilière[8] et la conception classique de la propriété prédominait. Or selon cette dernière, la propriété, dont l'usufruit constitue un démembrement, ne peut avoir pour objet que des choses corporelles[9]. La définition de l'usufruit à l'art. 578 c. civ., fortement empreinte de matérialisme, témoigne de cette influence. Celui-ci est en effet présenté comme « le droit de jouir de la chose dont un autre a la propriété (...) à charge d'en conserver la substance ». Les articles suivants s'inscrivent dans ce même courant. Ils abordent en effet « la pousse paisible des arbres de haute futaie, la coupe plus fréquente des bois

---

p. 79 et s. ; J. ROCHFELD, *Les grandes notions du droit privé*, PUF, 2e éd., 2013, p. 221 et s. ; J.-M. BRUGUIÈRE, « L'immatériel à la trappe ? », *D.* 2006. 2804 ; S. PIEDELIÈVRE, « Le matériel et l'immatériel. Essai d'approche de la notion de bien », *Aspects du droit privé en fin du 20e siècle, Études réunies en l'honneur de Michel de Juglart*, LGDJ, éd. Montchrestien et éd. Techniques, 1986, p. 55 et s. ; J.-M. MOUSSERON, « Valeurs, biens, droits », *Mélanges en hommage à André Breton et Fernand Derrida*, Dalloz, 1991, p. 277 et s., spéc. n° 8 ; R. LIBCHABER, « La recodification du droit des biens », *Le Code civil, 1804-2004, Livre du Bicentenaire,* Dalloz-Litec, 2004, p. 297 et s., spéc. n° 5 et 30 ; M. MIGNOT, « La notion de biens. Contribution à l'étude du rapport entre droit et économie », *Revue de la Recherche Juridique - Droit prospectif*, 2006. 4, p. 1807 et s. ; H. PÉRINET-MARQUET, « Regard sur les nouveaux biens », *JCP G* 2010, p. 352 et s. ; T. REVET, « Les nouveaux biens », *La propriété – Travaux de l'Association Henri Capitant*, Société de législation comparée, 2003, p. 271 et s. La liste dressée par M. Revet témoigne de l'ampleur du phénomène : « Topographie de semi-conducteurs, obtentions végétales et animales, logiciels, banques de données et autres savoir-faire, noms de domaine, instruments financiers, numéro de carte de crédit, portefeuille de valeurs mobilières, fonds artisanal, fonds libéral et autres licences de taxis, quotas laitiers, quota betteravier, droits de plantation et de replantation, appellations d'origine contrôlée, position contractuelle, patrimoine fiduciaire, recettes de cuisine, [...] image des personnes et des choses, informations génétiques, nom patronymique, vie privée et autre renommée, quotas d'émission de gaz à effet de serre et autres permis de polluer... » (*art. préc.*, p. 271).

[8] Cf. G. RIPERT, *Les forces créatrices du droit*, LDGJ, 1955, p. 193 : « Au début du XIXe siècle, les propriétaires fonciers ont régné seuls ».

[9] V. par ex. AUBRY et RAU, *Cours de droit civil français d'après la méthode de Zachariae*, t. 2, Cosse, Marchal et Cie, 14e éd. 1869, § 190, p. 170 : « dans l'acception véritable du mot, la propriété ne se comprend que pour les choses corporelles » ; DEMOLOMBE, *Cours de code Napoléon*, t. 9, *Traité de la distinction des biens*, t. 1, Durand, 2e éd., 1861, n° 540, p. 490 : « dans son acception spéciale et technique, le mot propriété ne s'applique qu'au droit de la personne sur les objets corporels, meubles ou immeubles qui lui appartiennent ».

taillis, les échalas pris pour les vignes, le croît et la mort venant irrémédiablement frapper le troupeau, ou encore les fruits pendants par branches ou par racines, autant de production régulière des forêts, champs et vergers »[10]. Autrement dit, en 1804, l'usufruit a été principalement envisagé dans ses rapports avec les choses corporelles, notamment immobilières.

3. Toutefois, les rédacteurs du code civil n'ont pas expressément limité son objet aux choses corporelles. Ils ont en effet envisagé l'usufruit d'une rente viagère (art. 588 c. civ.) et même l'usufruit universel (art. 612 c. civ.). Dans la première hypothèse, l'usufruit a pour objet un droit patrimonial et, dans la seconde, il est censé porter sur l'ensemble des biens qui composent le patrimoine du défunt. Si ces derniers sont souvent des meubles corporels et des immeubles par nature, ils peuvent aussi être incorporels[11].

4. Postérieurement à l'adoption du code civil, le législateur et la jurisprudence ont encore élargi l'assiette de l'usufruit. L'article L. 123-6 du CPI a ainsi reconnu au conjoint survivant « l'usufruit du droit d'exploitation dont l'auteur n'aura pas disposé », tandis que l'article 1844 al. 3 c. civ. a réglementé la participation aux décisions collectives d'une société lorsque que des parts sociales font l'objet d'un usufruit. De son côté, la jurisprudence a consacré l'usufruit de deux universalités de fait, à savoir celui d'un fonds de commerce[12] et celui d'un portefeuille de valeurs mobilières[13]. Elle a par ailleurs

---

[10] N. KILGUS, *thèse préc.*, n° 9.

[11] Cf. M. ROBINEAU, « Assurance-vie et démembrement de propriété », *RGDA* 2005, p. 23 et s., note 7 : « Le code civil, en admettant l'usufruit successoral, autorise nécessairement la constitution d'usufruit sur des biens incorporels tels que les créances ».

[12] Civ. 13 déc. 1842, *S.* 1843. 1. 22. Comp. Com. 18 nov. 1968. *Bull. Civ.* IV, n° 324, qui reconnaît à l'usufruitier du fonds un quasi-usufruit sur les marchandises.

[13] Civ. 1ère, 12 nov. 1998, n° 96-18.081, *Bull. civ.* I, n° 315, H. CAPITANT, F. TERRÉ, Y. LEQUETTE, F. CHÉNÉDÉ, *Les grands arrêts de la jurisprudence civile*, Dalloz, t. 1, 2024, 14e éd., n° 92 ; *D.* 1999. 167, note L. AYNÈS ; *JCP E* 1999. II. 10027, note S. PIEDELIÈVRE, *JCP N* 351, note H. HOVASSE ; *RTD civ.* 1999. 422, obs. F. ZENATI, 674, obs. J. PATARIN, *RTD com.* 1999. 459, obs. M. STORCK.

jugé que l'usufruit pouvait porter sur une créance monétaire autre qu'une rente viagère[14].

5. Ainsi, l'idée selon laquelle l'usufruit peut avoir un objet incorporel semble désormais bien ancrée en droit positif. Pourtant, d'éminents auteurs y demeurent opposés. MM. Ghestin, Billiau et Loiseau soutiennent par exemple qu'un « droit personnel ne peut rationnellement être l'objet d'un droit réel. En effet, puisque le droit réel s'analyse comme un pouvoir exercé directement sur une chose, un tel droit ne peut s'exercer sur une personne qui ne peut devenir objet de propriété »[15]. De même, Christian Larroumet et Mme Mallet-Bricout demeurent attachés à la conception classique de la propriété en vertu de laquelle cette dernière ne peut avoir pour objet qu'une chose corporelle. Ils écrivent en conséquence qu'il n'est « pas possible d'envisager un véritable usufruit portant sur des choses incorporelles »[16]. Toutefois, ils concèdent qu'un droit de jouir des choses incorporelles peut exister. Seulement, ce dernier serait « un droit différent de l'usufruit, qui aurait la même économie que l'usufruit et porterait sur des choses incorporelles, notamment des créances »[17]. Il serait issu d'un « démembrement du droit sur une chose incorporelle (par exemple droit de l'associé sur la part sociale, droit de créance, exclusivités ou monopoles d'exploitation des

---

[14] Req. 21 janv. 1845, *S.* 1845. 1. 129. V. aussi Com., 25 avril 1974, n° 72-14.619, pub. *Bull.*, qui évoque l'usufruit d'un droit personnel à propos d'une créance de sous-loyers.

[15] J. GHESTIN, M. BILLIAU et G. LOISEAU, *Traité droit civil, Le régime des créances et des dettes*, LGDJ, 2005, n° 11. V. déjà J. DERRUPÉ, *La nature juridique du droit du preneur à bail et la distinction des droits réels et des droits de créance*, préf. J. MAURY, Dalloz, 1952, n° 259 : « il ne saurait y avoir de droit réel sur droit de créance ; en toute hypothèse, ce sont les prérogatives des créanciers qui en totalité ou en partie sont accordées à un autre individu ; il y a transfert du droit ou de partie du droit, mais sa nature ne change pas ; il s'agit toujours du pouvoir d'exiger d'une personne certaines prestations ».

[16] C. LARROUMET et B. MALLET-BRICOUT, *Traité de droit civil, t. 2, Les biens, les droits réels principaux*, Economica, 6e éd., 2019, n° 469.

[17] C. LARROUMET et B. MALLET-BRICOUT, *op. cit. et loc. cit.* V. aussi les références citées par N. KILGUS, *thèse préc.*, n° 47, note 143 : A. COLIN et H. CAPITANT, *Traité de droit civil*, t. 1 : Introduction générale, les personnes, les biens, par L. JULLIOT DE LA MORANDIERE, Dalloz, 1957, n° 1705 ; M. PLANIOL et G. RIPERT, *Traité pratique de droit civil*, t. 12 : Sûretés réelles – 1ère partie, par E. BECQUE, 2e éd., Paris, 1953, n° 77 et 93 ; R. SAVATIER, « Essai d'une présentation nouvelle des biens incorporels », *art. préc.*, p. 332-333.

choses incorporelles – fonds de commerce, brevets, "propriété" dite littéraire et artistique, etc.) et non pas du démembrement d'un droit réel »[18].

6. D'autres auteurs, à l'inverse, adhèrent à l'idée que l'usufruit peut avoir un objet incorporel et, plus précisément, qu'il peut avoir pour objet des droits, réels ou personnels. À partir de là, ils plaident pour une redéfinition de l'usufruit, celui-ci ne pouvant plus être défini comme le seul droit de jouir de la chose dont un autre a la propriété. Les voies empruntées pour redéfinir l'institution se dédoublent cependant. La première repose sur la conception moderne de la propriété. La seconde s'emploie à détacher l'usufruit de la propriété.

7. Les bases de la conception moderne de la propriété ont été jetées par Ginossar[19] et fortifiées par M. Zenati[20]. La propriété est redéfinie comme « *la relation par laquelle une chose appartient à une personne* »[21], « le rapport juridique grâce auquel les choses deviennent des biens »[22]. Or, parmi les biens, figureraient non seulement les choses, corporelles et incorporelles, mais encore les droits, personnels et réels[23]. Autrement dit, la propriété

---

[18] C. LARROUMET et B. MALLET-BRICOUT, *op. cit.*, n° 469. Il est néanmoins curieux de constater que ces mêmes auteurs semblent admettre que l'usufruit puisse avoir pour objet un droit d'usufruit, lequel, sans être une chose, est incorporel : « si, par exemple, à la suite d'un partage, des biens sont attribués à un mineur en usufruit, ses parents qui sont administrateurs légaux des biens de leur enfant sont investis en même temps d'un droit de jouissance légale sur ces biens. Or, ce droit de jouissance légale est une variété d'usufruit (v. art. 386-1 et s. C. civ.) et il en résultera que cet usufruit aura pour objet l'usufruit du mineur » (*op. cit.*, n° 464).

[19] S. GINOSSAR, *Droit réel, propriété et créance. Élaboration d'un système rationnel des droits patrimoniaux*, Paris, LGDJ, 1960. Pour une synthèse, v. S. GINOSSAR, « Pour une meilleure définition du droit réel et du droit personnel », *RTD civ.* 1962. 573.

[20] F. ZENATI, *Essai sur la nature juridique de la propriété. Contribution à la théorie du droit subjectif*, thèse Lyon III, 1981 ; « Pour une rénovation de la théorie de la propriété », *RTD civ.* 1993. 305 ; « La propriété, mécanisme fondamental du droit, *RTD civ.* 2006. 445.

[21] S. GINOSSAR, *thèse préc.*, n° 12.

[22] F. ZENATI-CASTAING et T. REVET, *Les biens*, PUF, 3e éd., 2008, n° 164.

[23] La propriété n'étant plus un droit réel, cette catégorie ne comprend que les droits réels sur la chose d'autrui, principaux et accessoires.

s'appliquerait aux choses comme aux droits. Elle les surplomberait. Il en résulte que l'usufruit pourrait lui-même avoir pour objet tant des choses, corporelles ou incorporelles, que des droits, personnels ou réels[24].

8. C'est à partir de cette conception moderne de la propriété que Mme Rabreau a explicitement construit sa thèse relative à « L'usufruit des droits sociaux ». Selon elle, « l'application des textes de l'usufruit au démembrement de droits sociaux ne se justifie qu'à la condition d'admettre que l'usufruit des droits sociaux est un droit réel de jouissance sur le bien, objet du démembrement. Il est alors impératif de donner à l'institution une assise juridique solide, laquelle passe par la démonstration de ce que le droit de propriété n'est pas, comme le relève la doctrine classique, un droit réservé aux seuls biens corporels (...), mais qu'il peut s'étendre également aux droits incorporels que constituent les droits de créance et conséquemment les droits d'associé »[25]. De la même manière M. Tadros, dans sa thèse relative à « La jouissance des titres sociaux d'autrui », adhère à la théorie de la propriété des droits[26] et soutient que l'associé est propriétaire des titres sociaux[27]. Il en résulte que ces titres peuvent faire l'objet d'un droit d'usufruit, dont le régime doit néanmoins être adapté[28].

---

[24] V. en ce sens, F. ZENATI-CASTAING et T. REVET, *op. cit.*, n° 344 : « Tous les biens, y compris les droits et les universalités, sont des objets de propriété et peuvent, partant, faire l'objet d'un droit réel dans les limites permises par la loi ».
[25] A. RABREAU, *thèse préc.*, n° 20. V. aussi C. FARGIER-BEDARD, *thèse préc.*, n° 10 et 11. Selon l'auteur, « deux sortes de droits cohabitent sur une valeur mobilière : le premier, réel, rattache le titre au patrimoine d'une personne par un lien de propriété susceptible d'être démembré ; le second, personnel, autorise le propriétaire à exiger de l'émetteur du titre différentes prestations d'ordre patrimonial ou extra-patrimonial. Ainsi, le titulaire de droits sociaux dispose à la fois d'un droit de créance contre l'émetteur et d'un droit réel sur les titres "*par les pouvoirs qu'il confère par son utilisation directe et immédiate et par son opposabilité absolue*". Par conséquent, ce qui est démembré n'est pas la valeur mobilière elle-même mais les attributs du droit ».
[26] A. TADROS, *thèse préc.*, n° 58.
[27] A. TADROS, *thèse préc*, n° 59 et s.
[28] A. TADROS, *thèse préc*, n° 338 et s.

9. L'idée selon laquelle l'usufruit peut avoir pour objet des droits a aussi été défendue par des auteurs n'adhérant pas à la propriété des droits[29]. C'est ainsi que dans sa thèse consacrée à « L'usufruit atypique », Mme Fabre plaide en faveur d'une réécriture de l'article 578 du code civil afin de mettre la notion d'usufruit en conformité avec le droit positif[30]. L'usufruit devrait selon elle être redéfini comme « le droit de jouir *des choses ou des droits* dont un autre *est propriétaire ou titulaire* »[31]. L'usufruit est alors partiellement détaché de la propriété, celle-ci ne constituant plus l'unique matrice de l'usufruit. On trouve une proposition similaire chez M. Kilgus dans sa thèse sur « L'usufruit des biens incorporels ». Ne prenant pas explicitement parti sur le point de savoir si les biens incorporels (choses et droits confondus) peuvent faire l'objet d'un véritable droit de propriété[32], l'auteur plaide pour un élargissement de l'assiette de l'usufruit « à l'ensemble des biens, corporels ou incorporels, dès lors que leur caractère patrimonial est acquis » [33]. Selon lui, l'usufruit « correspond à la jouissance de tout ou partie des droits patrimoniaux d'autrui »[34]. La démarche entreprise par M. Laronze dans sa thèse sur « L'usufruit des droits de propriété intellectuelle » n'est pas très éloignée. Selon lui, il conviendrait en effet « de détacher la notion d'usufruit de celle de propriété pour la concentrer sur le concept de bien »[35], lequel renverrait aux droits, à l'exclusion des choses[36]. Occultant lui aussi la définition de l'usufruit par l'art. 578 c. civ. comme un droit portant sur la chose d'autrui, M. Laronze soutient dès lors que l'usufruit des droits de propriété intellectuelle a pour objet les droits patrimoniaux de l'auteur et non son œuvre[37]. Enfin,

---

[29] M. FABRE, *thèse préc.*, n° 79 et s.
[30] Cf. M. FABRE, *thèse préc*, n° 73 et s.
[31] M. FABRE, *thèse préc*, n° 380.
[32] M. KILGUS souligne néanmoins les vertus de la conception de la propriété défendue par Ginossar qui « permet une conception renouvelée de l'usufruit (...). Structurellement, un droit réel peut porter sur un autre droit, réel ou personnel » (*thèse préc.*, n° 48).
[33] N. KILGUS, *thèse préc.*, n° 172.
[34] N. KILGUS, *thèse préc.*, n° 172.
[35] B. LARONZE, *thèse préc.,* n° 16.
[36] B. LARONZE, *thèse préc.*, n° 248.
[37] B. LARONZE, *thèse préc.*, n° 264 et s. Selon l'auteur, le régime de l'usufruit des droits de propriété intellectuelle correspond globalement à celui du code civil. Quelques adaptations sont néanmoins nécessaires afin de tenir compte de la spécificité dudit objet. Elles visent notamment les règles de constitution de

allant encore plus loin, M. Dross propose de retrancher l'usufruit de la catégorie des droits réels et de le qualifier de simple « technique, celle d'une répartition d'utilités entre différents titulaires »[38] d'un droit, lequel pourrait être aussi bien réel que personnel[39]. En ce sens, il écrit que « l'usufruit n'opère pas démembrement des utilités de la chose entre différents titulaires mais réalise un découpage temporel, autrement dit une succession dans la titularité d'un droit »[40]. Suivant la nature, réelle ou personnelle, de son droit, l'usufruitier serait tantôt propriétaire temporaire d'une chose, tantôt créancier temporaire.

10. Au total, la doctrine moderne, dans sa majorité, croit trouver dans la reconnaissance de l'usufruit des créances, des droits sociaux et des droits de propriété intellectuelle la confirmation de l'idée selon laquelle les droits peuvent être des objets d'usufruit. Il en est déduit que la définition légale de l'usufruit ne rend pas compte de la réalité de l'institution et doit être remodelée. Pour les uns, ce remodelage passe par la reconnaissance de la propriété des droits. Parce qu'ils sont des objets de propriété, les droits peuvent être également des objets d'usufruit. Celui-ci devient alors le droit de jouir des choses et des droits dont un autre a la propriété. Pour les autres, le détour par la propriété des droits n'est pas nécessaire : il suffit d'admettre que l'usufruit est aussi le droit de jouir des droits dont un autre est titulaire. Lorsqu'il porte sur un droit, l'usufruit se détache ainsi de la propriété.

11. Il reste que, dans les deux approches, le droit positif n'est explicable que par une altération substantielle des catégories juridiques. Dans le cas de la propriété des droits, c'est d'abord la distinction des choses et des droits qui est remise en cause. En effet, si l'on est propriétaire des droits comme on est propriétaire des choses, les droits sortent de leur rôle normal de médiateurs entre les personnes ou entre les personnes et les choses. Plus largement, la tripartition des personnes, des choses et des droits s'en trouve bouleversée. Dans la conception de l'usufruit détachée de la

---

l'usufruit conventionnel (cf. B. LARONZE, *thèse préc.*, n° 387 et s.) et celles relatives à la conclusion par l'usufruitier des contrats d'exploitation (B. LARONZE, *thèse préc.*, n° 438 et s.).

[38] W. DROSS, *Droit civil. Les choses*, LGDJ, 2012, n° 496-3.

[39] V. sur ce point W. DROSS, *op. cit.*, n° 496-3 et les références citées.

[40] W. DROSS, *op. cit.*, n° 496-3.

propriété, c'est la notion de droit réel qui est atteinte. En effet, l'usufruit, archétype des droits réels, n'est plus seulement un droit sur une chose mais devient un droit sur un droit. Or on peut se demander si de telles déformations des catégories juridiques sont véritablement le seul moyen d'expliquer le droit positif. Plus précisément, ne peut-on envisager que, lorsque le législateur et la jurisprudence reconnaissent l'usufruit d'une créance, des droits sociaux ou encore du droit de reproduction d'une œuvre, ces expressions traduisent simplement des facilités de langage ? Autrement dit, dans ces différentes hypothèses, ne serait-il pas possible de considérer que l'usufruit conserve pour objet une chose dont un autre est le propriétaire ? Si une telle intuition était vérifiée, elle aboutirait à mettre à l'écart l'usufruit des droits (Chapitre I) et à pérenniser l'usufruit des choses (Chapitre II).

CHAPITRE I
LA MISE À L'ÉCART DE L'USUFRUIT DES DROITS

12. Dans sa thèse publiée en 1909, Prodan, dans un chapitre consacré à « l'usufruit de droits », soutenait que, « de même que les choses matérielles les droits aussi peuvent être susceptibles d'usufruit. Ainsi la propriété, l'usufruit et les créances ». Il en déduisait que l'usufruit des droits était par conséquent « un droit au second degré » qui avait « toutes les caractéristiques de l'usufruit matériel ». L'auteur poursuivait : « Il est un démembrement de la propriété juridique, et il est un droit viager d'usage. Étant un droit réel juridique, il aura pour but d'exercer les actes de disposition et d'aliénation sur les droits »[41]. Le raisonnement de Prodan ne s'appliquait qu'aux droits patrimoniaux classiques, à savoir ceux de la *summa diviso*. Au-delà de la distinction entre les droits réels et les droits personnels, il trouve aujourd'hui un prolongement dans les discussions relatives à l'usufruit des droits sociaux. Pour la clarté des développements, on envisagera tour à tour l'usufruit des droits de la *summa divisio* (section I), puis celui des droits sociaux (section II).

SECTION I. LES DROITS DE LA SUMMA DIVISIO

13. Le droit de créance ou droit personnel est le droit qu'a une personne, le créancier, d'exiger d'une autre, le débiteur, qu'elle accomplisse une prestation en sa faveur. Il établit un lien entre deux personnes. Dire qu'un tel droit peut être l'objet d'un usufruit n'a donc rien d'évident : c'est faire de ce droit l'objet d'un autre droit, c'est-à-dire transformer un lien en un bien. Cette même réification est à l'œuvre lorsqu'il est soutenu qu'un droit réel peut également faire l'objet d'un usufruit[42]. Or, à l'analyse, ces présentations sont

---

[41] C. PRODAN, *Essai d'une théorie générale des droits réels*, Paris, Imprimerie Henri Jouve, 1909, p. 174.

[42] V. en ce sens F. ZENATI-CASTAING et T. REVET, *op. cit.*, n° 319 ; R. LIBCHABER, « Une cession temporaire d'usufruit ? », *Defrénois* 2008. 1656, n° 8 ; J. LAURENT, *La propriété des droits*, préf. T. REVET, LGDJ, 2012, n° 119.

trompeuses. En effet, qu'il s'agisse d'un droit personnel ou d'un droit réel, c'est seulement sur la chose qui en est l'objet que l'usufruit peut porter. On le vérifiera successivement à l'égard des droits personnels (§I) et des droits réels (§II).

§ I. Les droits personnels

14. L'idée selon laquelle un usufruit peut porter sur un droit personnel est accréditée par le Code civil lui-même, qui réglemente celui d'une rente viagère[43]. Il n'est dès lors pas étonnant que la jurisprudence lui ait emboîté le pas en reconnaissant l'usufruit des créances monétaires autres que des rentes[44]. Pour autant, l'analyse de la créance comme objet d'usufruit doit être rejetée (A). Une autre explication peut être avancée, qui consiste à considérer que la créance est un instrument d'appropriation et que, en tant que telle, elle est un vecteur possible d'usufruit sur la chose qui en est l'objet (B).

A. La créance comme objet d'usufruit

15. Comme on vient de le voir, l'idée selon laquelle une créance peut être objet d'usufruit a été alimentée par la place que le code civil réserve à l'usufruit d'une rente viagère. Il faut donc étudier cette figure (1) avant de s'intéresser plus généralement à l'usufruit des créances (2).

1. L'usufruit d'une rente viagère

16. L'usufruit d'une rente viagère est réglementé aux articles 584 et 588 du code civil. Le premier qualifie les arrérages de la rente de fruits civils tandis que le second tire les conséquences de cette qualification. Il dispose en effet que « l'usufruit d'une rente viagère donne aussi à l'usufruitier, pendant la durée de son usufruit, le droit d'en percevoir les arrérages, sans être tenu à aucune restitution ». L'art. 588 c. civ est donc une déclinaison de l'art. 586 c. civ. qui prévoit que « les fruits civils sont réputés s'acquérir jour par jour, et appartiennent à l'usufruitier, à proportion de la durée de son

---

[43] Cf. art. 584 et 588 c. civ.

[44] Req. 21 janv. 1845, *S.* 1845. 1. 129.

usufruit ». À première vue, les règles posées par les articles 584 et 588 c. civ. semblent cohérentes : si les arrérages de la rente constituent des fruits civils (art. 584 c. civ.), il est logique que l'usufruitier de cette rente acquière la propriété de ceux qui arrivent à échéance pendant la durée de son droit (art. 588 c. civ.). Cependant, cette cohérence n'est qu'apparente. En effet, contrairement à la qualification retenue à l'art. 584 c. civ., les arrérages ne constituent pas des fruits de la rente.

17. Comme chacun le sait, les fruits sont « ce qu'une chose donne périodiquement, sans que cette sortie entraîne une altération ou une diminution sensible du capital »[45], c'est-à-dire de la substance de la chose. Or, comme l'a démontré M. Simler, « il y a une différence aussi évidente que majeure entre des intérêts périodiquement perçus, des loyers ou des dividendes, qui laissent intact le capital, et une rente, dont il ne reste rien après son échéance. Le versement d'une rente n'est qu'un mode de règlement d'un prix ou d'une indemnité »[46]. Autrement dit, « les arrérages d'une rente ne sont pas les fruits de cette rente, ils sont la rente »[47]. Cette requalification a des répercussions sur la nature de l'institution qui permet à un tiers d'acquérir les arrérages d'une rente viagère.

18. En effet, la convention par laquelle un crédirentier s'engage à faire bénéficier un tiers des arrérages de la rente dont il est bénéficiaire, sans que ce tiers ne soit tenu de lui restituer les fonds à l'expiration de ladite convention, n'est pas une convention d'usufruit portant sur la rente mais une cession de la rente, c'est-à-dire une cession de créance. Cette dernière étant versée périodiquement, sous la forme d'arrérages, la cession dont il est question aura pour objet une créance périodique. En outre, selon sa durée, elle pourra être

---

[45] F. TERRÉ, P. SIMLER et V. FORTI, *Les biens*, Dalloz, 11e éd., 2024, n° 19.
[46] P. SIMLER, obs. sous Civ. 1ère, 7 nov. 1995, n° 93-14.777, inédit, *JCP G* 1996. I. 3908, n° 19.
[47] P. SIMLER, *obs. préc.*, n° 19. Voir dans le même sens, W. DROSS, *op. cit.*, n° 15-2 : « L'assimilation qu'opère l'article 584 entre les loyers des maisons et les arrérages des rentes repose sur une approximation grossière qui semble n'avoir pour origine que leur commune périodicité. Juridiquement parlant, les arrérages sont un prix, non un fruit ». L'auteur renvoie à la thèse de Croizat (C. CROIZAT, *La notion de fruit en droit civil, en droit commercial et en droit fiscal*, Lyon, 1925, spéc. p. 6).

partielle ou totale. Il s'agira d'une cession totale si le crédirentier cède tous les arrérages à échoir ou s'il décède avant le cessionnaire. En effet, ce décès entraînant l'extinction de la rente, le cessionnaire aura perçu tous les arrérages restants dus à compter de la cession.

19. Si le mécanisme prévu aux articles 584 et 588 du code civil correspond en réalité à une cession de la rente, il ne faut pas en déduire que la constitution d'un usufruit est impossible dans ce cas. Simplement, son fonctionnement sera différent. Concrètement, il supposera que l'usufruitier capitalise les arrérages et restitue le capital ainsi constitué à la fin de l'usufruit. Il pourra en revanche conserver les intérêts produits par ce capital dans la mesure où ils en constituent les fruits[48]. C'est d'ailleurs sous cette forme que l'Ancien droit réglementait l'usufruit d'une rente viagère[49]. On voit que le véritable usufruit d'une rente aura pour objet les sommes dues au crédirentier. L'usufruitier, jouissant de ces fonds, aura le droit de s'en approprier les intérêts. Ainsi redéfini, l'usufruit de la rente jette un éclairage nouveau sur celui des créances.

2. L'usufruit des créances

20. L'usufruit d'une créance autre qu'une rente viagère a été consacré par la jurisprudence dès le XIXe siècle. Dans un arrêt en date du 21 janvier 1845, la Chambre des Requêtes a jugé que lorsqu'une créance portait sur une somme d'argent venant à échéance avant celle de l'usufruit, l'usufruitier pouvait percevoir

---

[48] V. en ce sens, v. W. DROSS, *op. cit.*, n° 15-2 : « En pratique, l'usufruitier d'une rente devrait pouvoir percevoir les arrérages, en jouir pendant la durée de son usufruit – ce qui revient à pouvoir les placer de manière à percevoir les intérêts d'un tel placement –, mais à charge d'en restituer le montant nominal à l'échéance ».

[49] Cf. A. FRANÇON, « L'usufruit des créances », *RTD civ.* 1957. 3, n° 4 : « dans l'Ancien droit, en cas d'usufruit de rente viagère, on devait procéder à une capitalisation des annuités ; l'usufruitier ne touchait que les revenus du capital ainsi constitué, lequel était restitué au rentier à l'expiration de l'usufruit ».

les fonds et en disposer, à charge de les restituer à l'extinction de son droit[50]. Cette solution a par la suite été réitérée[51].

21. Dans l'ensemble, les auteurs considèrent qu'en autorisant l'usufruitier à percevoir et conserver les fonds jusqu'à l'extinction de son droit, la Cour de cassation opère un dédoublement de l'objet de l'usufruit. Avant le paiement, il porterait sur la créance ; après, il porterait « sur les sommes payées, le droit réel d'usufruit se transformant alors en quasi-usufruit à raison de la spécificité monétaire de son nouvel objet »[52]. Cette solution s'expliquerait par le jeu de la subrogation réelle[53]. Françon a ainsi écrit que « lorsque le paiement a lieu, il éteint la créance. Cependant, il a en même temps pour effet de faire entrer une somme d'argent dans le patrimoine du nu-propriétaire, somme d'argent sur laquelle la théorie de la

---

[50] Req. 21 janv. 1845, *S.* 1845. 1. 129 « Considérant que si l'usufruitier est autorisé à recevoir le remboursement des capitaux sur lesquels porte son usufruit, il doit, d'un autre côté les colloquer et les administrer avec la prévoyance d'un bon père de famille ; - Qu'à la vérité, l'usufruitier, en donnant à ces capitaux une destination productive, ne peut s'empêcher de les consommer par l'usage ; mais que cette consomption, inséparable de l'usage le plus légitime de toutes les choses fongibles, doit être celle d'un administrateur soigneux et diligent ».

[51] Req. 21 mai 1930, *DH* 1930, p. 346 : « L'usufruitier dont le droit porte des créances a l'obligation de poursuivre leur recouvrement (…). Il doit à la fin de l'usufruit, remettre, soit le montant des créances recouvrées, soit le titre demeuré valable qui les représente, au nu-propriétaire, sans que l'inaction de celui-ci puisse l'exonérer de la responsabilité qu'il encourt en s'abstenant de remplir ses obligations légales ». V. aussi Req. 2 juill. 1918, *S.* 1920. 1. 167 : « L'usufruitier d'une créance étant autorisé à recevoir le remboursement des capitaux sur lesquels porte son usufruit » ; Civ. 1ère, 4 oct. 1989, n° 87-11.142, *pub. Bull.* : « Vu l'article 587 du Code civil ; Attendu qu'il résulte de ce texte que l'usufruitier a qualité pour agir en recouvrement de la créance sur laquelle porte son usufruit ».

[52] R. LIBCHABER, « L'usufruit des créances existe-t-il ? », *RTD civ.* 1997.615, n° 9. V. également F. ZENATI-CASTAING et T. REVET, *op. cit.*, n° 319 : « La constitution d'un usufruit sur une créance est possible (…). L'usufruitier exercera sur la créance la plénitude de son droit. C'est à lui notamment qu'il incombera de procéder au recouvrement, duquel il résultera une conversion de l'usufruit en quasi-usufruit » ; C. GRIMALDI, *Droit des biens*, LGDJ, 4e éd., 2024, n° 380 ; J.-L. BERGEL, M. BRUSCHI et S. CIMAMONTI, *Traité de droit civil* (dir. J. GHESTIN). *Les biens*, 2e éd., LGDJ, n° 275.

[53] V. notamment A. FRANÇON, « L'usufruit des créances », *RTD civ.* 1957. 3, n° 3 ; F. ZENATI, obs. sous Civ. 1ère, 4 oct. 1989, *RTD civ.* 1990. 687. V. aussi P. SIRINELLI, « Le quasi-usufruit », *LPA* 26 juill. 1993, n° 89, p. 4 et s., n° 140 qui parle de la « transformation » de l'usufruit en cas de paiement de la créance ; M. FAVRE, *thèse préc.*, n° 272 et s.

subrogation réelle permet de reporter l'usufruit »[54]. On retrouve le même raisonnement chez M. Zenati selon qui, « si la créance s'éteint par le paiement, l'usufruit se reporte sur la somme d'argent recouvrée (...). Par le miracle de la subrogation réelle, les intérêts du propriétaire se trouvent prémunis »[55]. Le miracle ainsi annoncé pourrait n'être qu'un leurre.

22. En effet, on peut douter que le paiement soit un événement susceptible de déclencher le mécanisme de la subrogation réelle. Prenant l'exemple de l'indemnité d'assurance qui est versée à l'usufruitier en cas de destruction accidentelle de la chose objet de son droit, M. Libchaber écrit que « c'est le caractère accidentel qui justifie alors la subrogation »[56]. À l'inverse, « le paiement d'une créance ne s'analyse pas en un accident de parcours, qui en est bien plutôt la destinée naturelle »[57]. Partant, il est inapte à déclencher ce mécanisme. Mieux, l'effet extinctif du paiement est incompatible avec la subrogation réelle dont « l'essence (..) est, au contraire la préservation d'un droit en dépit de la variation de son objet »[58]. Or, les fonds versés au moment du paiement ne viennent pas en remplacement de la créance. Comme l'écrit M. Julienne, ils ne sont « pas un substitut de la créance, destiné à conjurer la perte malheureuse de cette dernière, mais le but même de l'obligation personnelle »[59]. Autrement dit, « l'argent ne remplace pas la créance, parce qu'il n'existe entre ces deux éléments ni rapport de

---

[54] A. FRANÇON, *art. préc.*, n° 3.
[55] F. ZENATI, obs. préc., *RTD civ.* 1990. 687.
[56] R. LIBCHABER, « L'usufruit des créances existe-t-il ? », *art. préc.*, n° 9. *Contra* V. RANOUIL, *La subrogation réelle en droit français*, préf. Ph. MALAURIE, LGDJ, 1985, p. 156 : selon l'auteur, la subrogation réelle ne joue pas lorsque « la nouveauté du bien substitué empêche tout report du droit ». Appliquant ce critère à l'usufruit, elle considère que « le droit de l'usufruitier ne peut se reporter sur l'indemnité d'expropriation ou d'assurance » (p. 156). Son analyse est infirmée par l'art. L. 321-1 al 2 c. expr. qui dispose : « Toutefois, dans le cas d'usufruit, une seule indemnité est fixée, le nu-propriétaire et l'usufruitier exerçant leurs droits sur le montant de l'indemnité au lieu de les exercer sur la chose ».
[57] R. LIBCHABER, « L'usufruit des créances existe-t-il ? », *art. préc.*, n° 9.
[58] P. CROCQ, *Propriété et garantie*, préf. M. GOBERT, LGDJ, 1995, n° 329.
[59] M. JULIENNE, *Le nantissement de créance*, préf. L. AYNÈS, Economica, 2012, n° 228.

causalité, ni rapport d'équivalence, mais un rapport de but à moyen »[60].

23. L'idée selon laquelle l'objet de l'usufruit se dédoublerait en cas de paiement de la créance apparaît non seulement en totale contradiction avec la règle selon laquelle le paiement éteint la créance, mais aussi avec celle de l'extinction de l'usufruit en cas de perte de son objet (art. 617 al. 6 c. civ.). En effet, à supposer que l'usufruit porte réellement sur la créance, on devrait, comme l'a relevé M. Libchaber, en constater l'extinction au moment de son paiement, et non pas reconnaître à l'usufruitier le droit d'administrer les fonds perçus[61]. Il est vrai que si ce raisonnement était appliqué, l'usufruit des créances perdrait très largement de son intérêt pour l'usufruitier, dans la mesure où ce dernier ne pourrait jamais utiliser le capital versé puisque le paiement provoquerait précisément l'extinction de son droit. L'usufruitier pourrait tout au plus utiliser les intérêts produits et versés avant l'échéance de la créance. Toutefois, il serait contraint de les restituer à l'expiration de son droit. En effet, les intérêts n'étant pas des fruits de la créance[62], objet de l'usufruit, mais ceux du capital dû[63], leur perception par

---

[60] M. JULIENNE, *thèse préc.*, n° 228.

[61] R. LIBCHABER, « L'usufruit des créances existe-t-il ? », *art. préc.*, n° 9 : « ce report de l'usufruit est bien mystérieux si l'on suit les règles applicables tant à l'usufruit qu'aux créances. En effet, le paiement de la créance en est une cause d'extinction, aux termes de l'article 1234 du code civil, deuxième alinéa ; et l'article 617 du même code prévoit par ailleurs, à l'alinéa 6, que "l'usufruit s'éteint ... par la perte totale de la chose sur laquelle l'usufruit est établi". L'extinction de la créance entraîne donc par voie de conséquence celle de l'usufruit, consolidant ainsi les droits du nu-propriétaire de la créance ».

[62] Comme le remarque M. Libchaber, une créance est rarement frugifère : « Par exception, une créance est parfois susceptible de produire des fruits : sur le modèle législatif du prêt de titres, on imagine volontiers la location de certaines créances, rémunérée par un loyer ; ces loyers s'analyseront en fruits de la créance, et plus exactement en fruits civils car ils constitueront le profit d'un acte juridique ayant la créance pour objet. Sinon dans les rares cas de ce genre où elle peut être l'objet d'un acte juridique à titre onéreux, une créance n'est pas frugifère et concentre tous ses avantages dans sa seule existence, c'est-à-dire dans les anticipations d'exécution ainsi que les services périodiques auxquels elle donne droit » (R. LIBCHABER, « L'usufruit des créances existe-t-il ? », *art. préc.*, n° 8).

[63] V. en ce sens R. LIBCHABER, « L'usufruit des créances existe-t-il ? », *art. préc.*, n° 8 : prenant l'exemple de la créance de somme d'argent due en exécution d'un contrat de prêt, M. Libchaber explique que les intérêts pécuniaires

l'usufruitier correspondrait à l'exercice de son *usus* et non à celui de son *fructus*. Autrement dit, l'usufruitier pourrait simplement « toucher les intérêts du capital, et s'en servir pendant toute la durée de son droit selon les règles du quasi-usufruit »[64].

24. On aura compris qu'il ne s'agit pas de critiquer le résultat obtenu par la jurisprudence, à savoir le droit de l'usufruitier d'une créance d'user et de jouir des sommes perçues, mais le fondement que lui assigne la doctrine, c'est-à-dire l'idée selon laquelle l'usufruit d'une créance a pour objet le droit de créance en lui-même. En réalité, si l'usufruitier peut utiliser les sommes versées lors du paiement de la créance, ce n'est pas parce que son droit d'usufruit se reporte sur lesdites sommes, mais plutôt parce que son droit porte sur elles, *ab initio*[65]. La créance, loin d'être l'objet de l'usufruit, en est simplement le vecteur.

« sont sécrétés par la somme prêtée, et non par la créance. À ce titre, ces intérêts ne doivent pas être tenus pour le *fructus* de la créance, mais bien plutôt pour un *fructus* situé dans la créance ». V. aussi, M. JULIENNE, *thèse préc.*, n° 246 : « Si l'on bornait ses droits au seul rapport d'obligation, l'usufruitier devrait se contenter d'user et de jouir du droit de créance, mais sans jamais appréhender la somme due. Concrètement, il devrait pouvoir toucher les intérêts, mais pas le capital. On pourrait à la rigueur lui reconnaître le pouvoir de percevoir le capital, au titre de l'"usage" de la créance, mais il devrait immédiatement le restituer au propriétaire puisque son titre ne lui confère, de toute façon, aucun droit à conserver les fonds pour en jouir ». *Contra* M. FABRE, *thèse préc.*, n° 286 : « il paraît inexact d'affirmer que les créances n'ont en elles-mêmes aucun caractère frugifère. Si les sommes produisent des intérêts, c'est précisément parce qu'elles font l'objet d'un contrat de prêt, et donc d'un rapport de créance (…). Autrement dit, c'est le rapport d'obligation qui fait produire des intérêts à la somme d'argent empruntée ».

[64] R. LIBCHABER, « L'usufruit des créances existe-t-il ? », *art. préc.*, n° 8.

[65] D'ailleurs, dans les arrêts précités de la Chambre des Requêtes (Req. 21 janv. 1845, *S.* 1845. 1. 129 et Req. 2 juill. 1918, *S.* 1920. 1. 167), la Cour de cassation avait jugé que l'usufruitier de la créance était autorisé à recevoir « le remboursement des capitaux sur lesquels portent son usufruit ». Comme l'écrit M. Julienne, « la Cour n'indique pas du tout que l'opération porte sur la seule créance et qu'elle se trouve ensuite projetée, par un mécanisme quelconque, sur les sommes ; elle affirme que ce sont les sommes qui forment l'objet véritable de l'usufruit » (M. JULIENNE, *thèse préc.*, n° 251).

B. La créance comme vecteur d'usufruit

25. Il convient de se reporter ici à des travaux qui ont soutenu que le droit de créance constituait un instrument d'appropriation. Cette approche, qui sera retenue (1), permet alors de comprendre que le créancier puisse constituer un usufruit sur l'objet de sa créance (2).

1. La créance comme instrument d'appropriation

26. L'idée selon laquelle une créance constitue un instrument d'appropriation a été récemment développée par M. François. Celui-ci, partant d'une hypothèse formulée par M. Libchaber[66], a montré que la créance recelait un rapport de « propriété interne » permettant au créancier de s'en approprier l'objet ou le fruit[67]. L'auteur distingue dans cette optique les créances de faire et les créances translatives.

27. S'agissant tout d'abord des créances de faire, il prend l'exemple de la créance de mise à disposition d'une chose et

---

[66] R. LIBCHABER, v° Biens, *Rép. civ.*, Dalloz, 2016, actualisation 2019, n° 32 : « L'usufruitier, le créancier, peuvent certes être considérés comme titulaires de droits ; mais on peut aussi bien estimer que les utilités de la chose ou les services personnels dont ils ont la maîtrise juridique leur sont appropriés, puisque nul autre qu'eux-mêmes ne peut s'en prévaloir ».

[67] J. FRANÇOIS, « Les créances sont-elles des biens », *Liber amirocum Christian Larroumet*, Economica, 2010, p. 149 et s., spéc. n° 16 et s. V. aussi A. HONTEBEYRIE, *Le fondement de l'obligation solidaire*, préf. L. AYNÈS, Economica, 2004, n° 352 : « Le *debitum*, avons-nous dit, consiste en ce que l'émolument promis par le débiteur *appartient déjà* au créancier ». V. surtout M. JULIENNE, *thèse préc.*, n° 654 à 660 et 689 à 694, lequel mobilise cette approche dans les développements qu'il consacre à la figure du nantissement des créances translatives. À cette occasion, M. Julienne a d'ailleurs fait remarquer que Hugues Doneau (XVIe siècle) pouvait être considéré comme précurseur de l'idée selon laquelle la créance est un mode d'appropriation. En effet, Doneau voyait « dans le droit personnel un moyen dont dispose l'homme pour appréhender les choses extérieures » (M. JULIENNE, *thèse préc.*, n° 654). Selon lui, « la science juridique consist[ait] (…) à connaître ce qui revient à chacun ainsi que le moyen de le lui faire avoir. Or, lorsqu'il détaillait le contenu de ce "*suum*", de ce qui revient à chacun, le jurisconsulte indiquait que "ce qui est à nous est de deux types. Ce qui est vraiment à nous au sens propre ; et également ce qui nous est dû". Ainsi, ce qui revient au créancier, ce qu'on doit lui reconnaître et lui attribuer, ce n'est pas tant la créance que la chose qu'elle a pour objet » (M. JULIENNE, *thèse préc.*, n° 655).

remarque qu'elle permet « au créancier de profiter de l'utilité d'une chose appropriée par autrui, à charge de restitution [de la chose] »[68]. En d'autres termes, elle « réserv[e] à son titulaire l'utilité concédée. Or cette réservation est une appropriation. En effet, elle soustrait par définition l'utilité en cause aux désirs que les tiers peuvent en avoir »[69].

28. M. François s'intéresse pareillement aux créances qui mettent à disposition du créancier la force de travail ou la capacité de service du débiteur. Selon lui, de telles créances « réservent au créancier cette force de travail ou cette capacité de service, c'est-à-dire leur mise en œuvre. Cette réservation est, comme la précédente, constitutive d'une appropriation, car elle interdit aux tiers d'avoir accès à son objet »[70]. Toutefois, l'appropriation ne porte pas sur la force de travail ou la capacité de service, qui sont inaliénables[71], mais sur « le fruit qu'il est possible d'en tirer »[72]. Ainsi, dans le cas d'une créance en nature résultant d'un contrat d'entreprise, le créancier a vocation à s'approprier le résultat de la prestation. Si par exemple, cette dernière consiste en l'accomplissement de travaux sur un immeuble, le maître de l'ouvrage s'appropriera le bénéfice de ces travaux. Plus précisément, le résultat des travaux sera incorporé à l'immeuble dont la valeur se trouvera augmentée ou confortée.

29. S'agissant ensuite des créances translatives, l'auteur range dans cette catégorie les créances de donner dont sont titulaires les acquéreurs lorsque le transfert de propriété de la chose est différé ainsi que les créances monétaires. Les premières ne seront pas étudiées dans la mesure où leur existence, qui n'a jamais été assurée,

---

[68] J. FRANÇOIS, « Les créances sont-elles des biens », *art. préc.*, n° 19.
[69] J. FRANÇOIS, « Les créances sont-elles des biens », *art. préc.*, n° 19.
[70] J. FRANÇOIS, « Les créances sont-elles des biens », *art. préc.*, n° 20.
[71] Cf. T. REVET, *La force de travail (étude juridique)*, préf. F. ZENATI, Litec, coll. Bibliothèque de l'entreprise, 1992, n° 351 : « Réalité personnelle, la force de travail ne peut être aliénée ». V. aussi. P. BERLIOZ, *La notion de bien*, préf. L. AYNÈS, LGDJ, 2007, n° 661 : « le service n'est pas plus distinct de la personne que la force de travail mise en œuvre pour l'accomplir » et n° 663 : « puisque le service n'existe pas tant qu'il n'est pas rendu et qu'il disparaît au moment même où il apparaît, il est tout à fait impossible que le service puisse constituer un objet aliénable ».
[72] J. FRANÇOIS, « Les créances sont-elles des biens », *art. préc.*, n° 21.

est passée sous silence depuis la réforme de 2016[73]. En outre et surtout, il n'est pas douteux que l'acquéreur à terme d'une chose puisse constituer un usufruit sur cette dernière, qui sera affecté du même terme[74]. Les créances monétaires, au contraire, nous intéressent particulièrement sous l'angle de l'usufruit. Selon M. François, elles « visent à assurer la circulation de la monnaie » et « entraînent un transfert de la propriété de la somme d'argent »[75]. Ainsi, on peut considérer, selon les termes de l'auteur, que « dans l'attente du paiement, le créancier a une vocation à devenir propriétaire. Il est propriétaire en puissance de la somme d'argent que son débiteur est tenu de lui payer »[76].

30. Au demeurant, on peut trouver une approche comparable, quoique plus restreinte, chez Colin et Capitant. Dans leur *Cours élémentaire de droit civil français*, ils écrivaient que l'acquisition de la propriété suppose « qu'un rapport d'obligation se forme [entre le propriétaire actuel de la chose et son propriétaire futur], (...) que le propriétaire actuel soit devenu débiteur de la chose qui doit être transmise et que le propriétaire futur en devienne créancier »[77]. Le droit de créance est donc l'outil permettant « de transmettre au créancier la propriété d'une chose appartenant au débiteur »[78]. C'est ce qui explique, selon Colin et Capitant, que « les commentateurs appellent quelques fois le droit de créance *jus ad rem* pour montrer qu'il tend à procurer à son titulaire la propriété d'une chose appartenant à celui qui s'est obligé : le droit de créance apparaît ainsi

---

[73] L'existence des créances translatives de propriété a été combattue par d'éminents auteurs. Mme Fabre-Magnan a ainsi soutenu que « le transfert de la propriété est déclenché de plein droit par un évènement prévu par la loi ou le contrat » (M. FABRE-MAGAN, « Le mythe de l'obligation de donner », *RTD civ.* 1996. 85, n° 9). M. Ancel s'est de son côté attaché à montrer que ce transfert est un effet normatif du contrat (P. ANCEL, Force obligatoire et contenu obligationnel du contrat », *RTD civ.* 1999. 771, spéc. n° 17 et s.). La disparition de l'obligation de donner à la faveur de la réforme du droit des obligations de 2016 accrédite l'idée selon laquelle le transfert est effectivement un « effet normatif » du contrat.

[74] Il est donc inutile de faire le détour par la créance pour admettre la constitution d'un usufruit sur la chose.

[75] J. FRANÇOIS, « Les créances sont-elles des biens », *art. préc.*, n° 23.

[76] J. FRANÇOIS, « Les créances sont-elles des biens », *art. préc.*, n° 23.

[77] A. COLIN et H. CAPITANT, *Cours élémentaire de droit civil français*, T. 1, Dalloz, 6e éd., 1930, p. 104.

[78] A. COLIN et H. CAPITANT, *op. cit. et loc. cit.*

comme le préliminaire du droit réel »[79]. Même si telle n'était pas l'intention de Colin et Capitant, cette remarque conserve tout son sens à l'égard des créances monétaires.

31. En tout état de cause, l'analyse des créances comme instruments d'appropriation disqualifie l'idée selon laquelle elles pourraient être l'objet d'un droit de propriété. En effet, « si le créancier est rendu propriétaire en vertu de son droit, il ne saurait être concomitamment propriétaire de son droit, car cela reviendrait à le considérer comme propriétaire de sa propriété »[80]. Corrélativement, cette même analyse infirme la présentation selon laquelle l'usufruit d'une créance s'exerce directement sur cette dernière. Un tel usufruit ne peut au contraire s'exercer, que de manière médiate, sur « la propriété interne » établie par la créance, c'est-à-dire sur son objet[81]. Si l'on se place dans cette perspective, il reste à identifier les cas dans lesquels un créancier peut, *es qualité*, constituer un usufruit sur l'objet de sa créance.

2. La constitution d'un usufruit sur l'objet de la créance

32. On vient de voir que les créances peuvent être conçues comme des instruments d'appropriation. Est-ce à dire qu'elles se prêtent toutes à la constitution d'un usufruit sur leur objet ? Lorsqu'une telle constitution est possible, quel sera alors le régime de l'usufruit ? On délimitera d'abord le domaine de l'usufruit sur l'objet des créances (a) avant de s'interroger sur son régime (b).

---

[79] A. COLIN et H. CAPITANT, *op. cit. et loc. cit.*

[80] J. FRANÇOIS, « Les créances sont-elles des biens », *art. cit.*, n° 28. Rapp. M. FABRE-MAGAN, « Propriété, patrimoine et lien social », *RTD civ.* 1997. 583, n° 25 : « on n'est pas à proprement parler propriétaire d'un droit mais uniquement de l'objet attendu de la réalisation de ce droit. Le droit est toujours un lien entre des personnes et on ne peut être propriétaire d'un lien, d'une relation, mais uniquement du bien, c'est-à-dire de l'objet, de la valeur qui en résulte ».

[81] V. en ce sens, à propos des créances monétaires, J. FRANÇOIS, « Les créances sont-elles des biens », *art. préc.*, n° 27 : « Dans la perspective de la propriété interne, le créancier est propriétaire en puissance des unités monétaires que le débiteur doit lui payer. Il est alors logique qu'il puisse les céder, c'est-à-dire abdiquer sa propriété en puissance au profit d'un cessionnaire (…), les nantir ou les grever d'usufruit, c'est-à-dire les affecter à la jouissance ou au paiement préférentiel d'autrui » ; M. JULIENNE, *thèse préc.*, n° 690, se ralliant à cette analyse.

a. Le domaine de l'usufruit

33. Si l'on définit les créances comme des instruments d'appropriation, il n'en résulte pas pour autant qu'elles peuvent toutes être des vecteurs d'usufruit. Il faut ici distinguer selon leur objet.

34. Il convient d'abord d'exclure du domaine de l'usufruit les créances de faire donnant naissance à une prestation dont l'objet n'est pas restituable, c'est-à-dire les créances réservant au créancier la mise en œuvre de la force de travail ou de la capacité de service du débiteur. Ces créances peuvent, le cas échéant, circuler par voie de cession ou faire l'objet d'un sous-contrat afin qu'un tiers puisse s'en approprier le résultat en tout ou en partie, mais elles ne peuvent pas véhiculer un usufruit. À supposer même qu'il s'agisse d'une prestation de service portant sur une chose, celle-ci pourra certes faire l'objet d'un usufruit, mais ce n'est pas en sa qualité de créancier que le maître de l'ouvrage pourra alors le constituer : c'est en sa qualité de propriétaire.

35. Ensuite, s'agissant des créances de mise à disposition d'une chose, qui réservent au créancier certaines utilités de la chose d'autrui, elles sont pareillement insusceptibles de donner naissance à un usufruit, pour la même raison que précédemment. Leur objet n'est pas restituable. Le profit tiré des utilités d'une chose s'épuise au fur et à mesure qu'il est perçu. Le créancier ne saurait donc constituer un usufruit sur les utilités d'une chose appropriée par autrui. Il pourra en revanche, le cas échéant, consentir une cession du contrat générateur ou conclure un sous-contrat de mise à disposition, de manière à ce qu'un tiers puisse s'approprier à sa place tout ou partie de l'utilité concédée.

36. La situation est très différente en présence de créances translatives et plus particulièrement de créances monétaires[82]. Les créances translatives constituent des instruments d'appropriation d'une chose restituable, à savoir dans le cas de créances monétaires, les fonds qui sont dus par le débiteur. Dans ce cas, le créancier, propriétaire en puissance des fonds devant être versés par le débiteur,

---

[82] Sur les créances translatives non monétaires, v. *supra* n° 29.

peut parfaitement constituer sur eux un usufruit[83], dont il reste à préciser le régime.

b. Le régime de l'usufruit

37. Comme on vient de le voir, la constitution d'un usufruit sur l'objet d'une créance n'est envisageable que si cet objet est monétaire. Dans ce cas, la propriété en puissance du créancier est établie par le truchement de la créance qui en constitue le vecteur. Dès lors, elle est tributaire du régime de la créance. M. François écrit en sens que « l'appropriation, qui est rendue possible par la technique du droit personnel (...) en épouse (...) nécessairement les contours. Elle lui est intégralement subordonnée »[84]. Cette analyse est pleinement transposable à l'usufruit établi sur les fonds qui sont l'objet de la créance. Dans ce cas, l'usufruit ne s'exerce pas immédiatement sur la somme d'argent. Il ne s'exerce sur elle que de manière médiate, grâce au vecteur que constitue la créance. Dans cette perspective, le régime de l'usufruit ne peut ignorer celui de la créance : il se coule dans celui-ci. Il en résulte plusieurs conséquences.

38. Tout d'abord, l'existence et l'étendue du droit de l'usufruitier dépendra de l'existence et des modalités de la créance. Ensuite, ayant vocation à user et jouir des fonds, l'usufruitier doit être investi des prérogatives visant à conserver la créance et à en obtenir le paiement. La jurisprudence a effectivement jugé en ce sens que « l'usufruitier a qualité pour agir en recouvrement de la créance sur laquelle porte son usufruit »[85].

---

[83] V. en ce sens J. FRANÇOIS, « Les créances sont-elles des biens », *art. cit.*, n° 27, note 77 : « il est possible de construire un usufruit sur des fonds dont on est potentiellement propriétaire en raison de l'obligation de restitution du débiteur, ce qui revient à accorder à l'usufruitier un droit d'usage et de jouissance sur les sommes à provenir du paiement ». Rappr. J. DABIN, *Le droit subjectif*, préf. C. ATIAS, Dalloz, 2008 (rééd. 1952), p. 195, qui à propos de l'usufruit d'une créance, écrit que ce sont « l'usage et la jouissance de la prestation due par le débiteur [qui] vont à l'usufruitier ».

[84] J. FRANÇOIS, « Les créances sont-elles des biens », *art. préc.*, n° 24.

[85] Civ. 1ère, 4 oct. 1989, n° 87-11.142, pub. *Bull.*

39. En outre, si, en tant que droit réel, l'usufruit est opposable à tous, il demeure un droit réel en puissance tant que les fonds ne sont pas versés. Il faudra que la créance soit exécutée pour qu'il atteigne sa pleine effectivité. C'est pourquoi, dans l'attente du paiement, le régime de la créance sera pleinement applicable. Ce régime postule que le paiement fait de bonne foi par le débiteur entre les mains d'un créancier apparent est valable (art. 1342-3 c. civ.). Cette solution est applicable à la constitution de l'usufruit, dans la mesure où celle-ci entraîne un changement quant à la personne du destinataire des fonds (l'usufruitier à la place du créancier initial). Autrement dit, même si l'usufruit est opposable aux tiers dès le moment de sa constitution, il faudra que le nu-propriétaire ou l'usufruitier veille à en informer le débiteur, afin d'éviter que celui-ci ne se libère en d'autres mains que celles de l'usufruitier[86].

40. Enfin, ayant l'obligation de conserver la substance de la chose, l'usufruitier ne saurait laisser la créance s'éteindre sans satisfaction. Dans un arrêt en date du 21 mai 1930, la Chambre des requêtes de la Cour de cassation a ainsi jugé que « l'usufruitier dont le droit porte sur des créances a l'obligation d'en poursuivre le recouvrement et d'en empêcher la prescription »[87]. En cas de carence de l'usufruitier à poursuivre, le créancier nu-propriétaire devrait pouvoir se prévaloir de l'extinction de l'usufruit sur le fondement de l'art. 618 c. civ.[88]. De la même manière que l'usufruitier ne saurait laisser la créance se prescrire, il ne devrait pas avoir le pouvoir de consentir une remise de dette. Une telle remise de dette devrait être déclarée inopposable au créancier nu-propriétaire.

41. Pour autant, il ne faudrait pas en déduire que la constitution de l'usufruit entraîne cession de la créance. En effet, si le créancier

---

[86] V. en ce sens J.-L. BERGEL, M. BRUSCHI et S. CIMAMONTI, *Traité de droit civil* (dir. J. GHESTIN). *Les biens*, 2e éd., LGDJ, n° 275.

[87] Req. 21 mai 1930, *DP* 1932. 1. 111.

[88] Ce texte prévoit que « l'usufruit peut aussi cesser par l'abus que l'usufruitier fait de sa jouissance, soit en commettant des dégradations sur le fonds, soit en le laissant dépérir faute d'entretien ». L'art. 618 c. civ. ne s'applique pas seulement à l'usufruit d'un immeuble. La Cour de cassation en a par exemple admis l'application à l'usufruit d'un fonds de commerce (cf. Com. 28 janv. 1980, n° 78-13.439, pub. *Bull.*). Dans cet arrêt aucun abus de l'usufruitier du fonds n'ayant été caractérisé, la déchéance de son droit a finalement été écartée.

cédait sa créance à l'usufruitier, il perdrait le fondement juridique de sa nue-propriété en puissance. Le nu-propriétaire demeure donc nécessairement créancier. Corrélativement, lorsque sa créance est contractuelle, il conserve la qualité de partie au contrat[89]. Parce que l'usufruit des fonds qui sont l'objet de la créance n'est pas une cession de créance, le régime applicable à cette dernière ne lui est pas transposable. D'une part, les formalités d'opposabilité de la cession de créance au débiteur (notification, prise d'acte ou consentement) lui sont inapplicables. D'autre part, le débiteur ne bénéficiera pas du même régime d'opposabilité des exceptions extérieures à la créance que celui qui s'applique à un débiteur cédé. Ces exceptions deviendront inopérantes dès la date de constitution de l'usufruit[90].

42. En conclusion, les créances constituent toujours des instruments d'appropriation. Cependant, elles peuvent être vecteurs d'un usufruit en tant qu'elles ont pour objet une chose restituable. Tel est le cas des créances monétaires. La créance peut alors être le vecteur d'un usufruit qui aura pour objet les fonds dus par le débiteur. L'usufruit ainsi constitué sera placé sous la dépendance du régime de la créance tant que les fonds ne seront pas versés, créant l'illusion d'un usufruit s'exerçant sur la créance. À ce stade de la démonstration, il apparaît donc que les droits personnels ne sont pas

---

[89] Il convient ici de bien distinguer le cas de l'usufruit constitué sur les fonds dus en vertu d'une créance monétaire, par exemple une créance de loyers, de celui qui peut être naître, dans le cadre d'une succession, au profit d'un conjoint survivant, sur une chose donnée à bail par le propriétaire avant l'ouverture de la succession (cf. Req., 19 janvier 1857, *DP*.1859, 1, p. 279). Dans la première hypothèse, l'usufruitier ne devient pas partie au contrat générateur de la créance monétaire. Dans la seconde, en revanche, il acquerra la qualité de bailleur, en lieu et place du défunt. En effet, son usufruit s'exercera sur la chose dans l'état, matériel et juridique, dans lequel elle se trouve au moment de la naissance de son droit. Il en résulte qu'il aura droit à la perception des loyers, en sa qualité de bailleur, et à leur conservation, en sa qualité d'usufruitier de la chose. Dans son arrêt rendu en 1857, la Cour de cassation est effectivement parvenue à cette solution, mais aux prix d'une motivation inexacte, consistant à retenir que l'usufruit s'appliquait au droit au bail, c'est-à-dire au contrat lui-même.

[90] Au contraire, en cas de cession de créance, les exceptions extérieures demeurent opposables au cessionnaire jusqu'à ce que les formalités d'opposabilité de la cession aient été remplies (cf. art. 1324 al. 2 c. civ.).

des objets d'usufruit, mais qu'ils peuvent en être des vecteurs. Qu'en est-il à présent des droits réels ?

§ II. Les droits réels

43. Lorsque le propriétaire d'une chose constitue un usufruit, nul ne songe à se demander si ce dernier a pour objet la chose ou le droit de propriété. Il est bien évident qu'il s'agit de la chose. Cette situation correspond d'ailleurs précisément à celle qui est prévue à l'art. 578 c. civ. L'usufruit y est en effet défini comme « le droit de jouir des choses dont un autre a la propriété ». De la même manière, lorsqu'un droit d'usage et d'habitation est constitué, c'est bien l'immeuble qui constitue l'objet du droit concédé. Peu importe à cet égard que ce droit soit consenti par le propriétaire de l'immeuble ou son usufruitier[91]. Étrangement, lorsqu'un usufruitier consent un usufruit, la doctrine considère que l'usufruit secondaire a pour objet, non pas la chose objet de l'usufruit primaire, mais l'usufruit primaire lui-même[92]. M. Libchaber soutient ainsi que l'usufruit « peut être considéré comme un objet de propriété dans le patrimoine de l'usufruitier. Celui-ci peut en effet en jouir et en disposer, caractéristique où s'incarne la propriété aux termes de l'article 544 du Code civil »[93]. Dans ces conditions, l'usufruit serait « un bien entre les mains de l'usufruitier, un bien qui peut être démembré comme tous les biens, de manière à constituer un usufruit

---

[91] Pour une illustration, v. Civ. 3e, 7 avr. 2004, n° 02-18.979, pub. *Bull.* Dans cet arrêt, la Cour de cassation a jugé que l'usufruitier « n'ayant consenti qu'un droit d'usage et d'habitation sur cette parcelle, (…) en avait nécessairement conservé l'usufruit ».

[92] Cf. F. ZENATI-CASTAING et T. REVET, *op. cit.*, n° 319 : « comme certains droits réels, il peut en outre porter autant sur des droits que sur des biens corporels. Il peut même avoir pour objet un droit d'usufruit » ; R. LIBCHABER, « Une cession temporaire d'usufruit ? », *Defrénois* 2008. 1656, n° 8 : « L'usufruit d'usufruit est une figure bien connue du droit français, qui l'a de longue date rencontrée dans le cadre de l'usufruit légal des parents sur les biens de leurs enfants mineurs, quand ces derniers disposaient précisément de droits en usufruit ». V. aussi C. LARROUMET et B. MALLET-BRICOUT, *op. cit.*, n° 464 : « si, par exemple, à la suite d'un partage, des biens sont attribués à un mineur en usufruit, ses parents qui sont administrateurs légaux des biens de leur enfant sont investis en même temps d'un droit de jouissance légale sur ces biens. Or, ce droit de jouissance légale est une variété d'usufruit (v. art. 386-1 et s. C. civ.) et il en résultera que cet usufruit aura pour objet l'usufruit du mineur ».

[93] R. LIBCHABER, « Une cession temporaire d'usufruit ? », *art. préc.*, n° 8.

d'usufruit »[94]. À l'analyse, la figure de l'usufruit d'un usufruit apparaît inutilement complexe. L'usufruit secondaire a en réalité le même objet que l'usufruit primaire. Après avoir rejeté la figure de l'usufruit d'un usufruit (A), on verra que l'opération peut tout simplement être requalifiée en un sous-usufruit (B).

A. Le rejet de l'usufruit d'un usufruit

44. La figure de l'usufruit d'un usufruit est excessivement complexe. En effet, elle suppose que l'usufruitier primaire, propriétaire de son droit d'usufruit, en devienne nu-propriétaire au moment où il consent un usufruit à l'usufruitier secondaire ; symétriquement l'usufruitier secondaire serait à la fois usufruitier du droit d'usufruit de l'usufruitier primaire et propriétaire de son droit d'usufruit secondaire.

45. Une telle présentation nous semble tout à fait artificielle dans la mesure où elle fait abstraction de la chose, qui est pourtant l'élément premier de la jouissance. D'ailleurs, si l'on s'intéresse concrètement au contenu du droit de l'usufruitier secondaire, on constate qu'il lui permet en réalité d'user et de jouir de la chose objet du premier usufruit. M. Libchaber reconnaît ainsi que c'est l'usufruitier secondaire « qui peut user de la chose et bénéficier des fruits qu'elle sécrète »[95]. De même, M. Zenati soutient que lorsque l'usufruit porte sur un usufruit, « son bénéficiaire n'est pas titulaire du droit incorporel objet de son droit. Il n'en a que l'exercice. L'usufruitier de la chose et l'usufruitier de l'usufruit, au fond, se partagent l'usufruit, non pas par une répartition des attributs, mais par une ventilation des dimensions du droit : l'un a le titre, l'autre l'émolument »[96]. Or, si l'usufruitier primaire est titulaire du droit

---

[94] R. LIBCHABER, « Une cession temporaire d'usufruit ? », *art. préc.*, n° 8.

[95] R. LIBCHABER, « Une cession temporaire d'usufruit ? », *art. préc.*, n° 8.

[96] F. ZENATI, obs. sous Civ. 1ère, 14 janv. 1997, *Bull. civ.* I, n° 22, *RTD civ.* 1998. 414. Dans le même sens, v. J. LAURENT, *thèse préc.*, n° 119 : « si l'usufruitier numéro un a la jouissance d'un bien par la concession d'utilités réalisée par le droit-prestation, l'usufruitier numéro deux reçoit quant à lui la jouissance (c'est-à-dire les utilités) de ce droit de jouissance. Tout se passe donc *comme si* l'usufruitier originel avait transféré sa propre jouissance à l'usufruitier "secondaire". On aboutit ainsi sur le plan concret à un *ersatz* de cession d'utilités.

d'user et de jouir de la chose (le titre) tandis que l'usufruitier secondaire bénéficie de l'exercice de ce droit (l'émolument), n'est-il pas plus simple de considérer que l'objet de l'usufruit secondaire est le même que celui de l'usufruit primaire, à savoir la chose qui appartient à un tiers[97] ? Ainsi entendu, le second usufruit n'est pas l'usufruit d'un usufruit mais un sous-usufruit.

B. L'admission d'un sous-usufruit

46. Le sous-usufruit peut être défini comme le contrat par lequel l'usufruitier primaire concède à l'usufruitier secondaire le droit d'user et de jouir de la chose objet de son droit[98]. Contrairement à la cession d'usufruit, qui fait définitivement sortir le droit d'usufruit du patrimoine du cédant, le sous-usufruit n'entraîne pas l'extinction du premier usufruit. La possibilité de conclure un sous-usufruit peut trouver son fondement à l'article 595 al. 1er c. civ. En effet, ce texte reconnaît à l'usufruitier le pouvoir de céder son droit ou encore de louer la chose qui en est l'objet. Or la cession d'un droit réel étant un acte plus grave que la constitution d'un droit réel, si l'usufruitier peut céder son droit sur la chose, il peut *a fortiori* constituer sur celle-ci un droit réel[99]. D'ailleurs, s'il peut consentir un droit personnel de jouissance, pourquoi ne pourrait-il pas consentir un droit réel de jouissance ? En ce sens, la Cour de cassation lui a expressément reconnu la possibilité de constituer un droit d'usage et d'habitation sur l'immeuble objet de son usufruit[100]. Or le droit d'usage et d'habitation est un droit réel. C'est dire que « le droit réel n'établit pas forcément une relation entre son titulaire et le propriétaire »[101]

Plus rigoureusement, la figure de l'usufruit d'un usufruit consiste en un "partage" entre le titre et l'émolument du droit ».

[97] Cf. J. DABIN, *op. cit.*, p. 195 : « Quant à l'usufruit de l'usufruit, il implique en réalité substitution au premier usufruitier du second, qui seul a la jouissance du bien corporel ou incorporel (on imagine mal en effet l'usage d'un usage) ».

[98] Rappr. en ce sens K. MOYA, *La jouissance des choses*, préf. T. REVET, LGDJ, 2023, n° 351 : « Selon nous, il devrait suffire d'avoir la jouissance d'une chose pour pouvoir la concéder à un autre et lui conférer un droit réel ».

[99] Cf. F. ZENATI, obs. sous Civ. 1ère, 14 janv. 1997, *Bull. civ.* I, n° 22, *RTD civ.* 1998. 414 : « L'article 595 alinéa 1er du code civil permet à l'usufruitier de céder son droit ; on ne voit pas ce qui s'oppose à ce qu'il le grève d'un droit réel : qui peut le plus, peut le moins ». V. également K. MOYA, *thèse préc.*, n° 352.

[100] Cf. Civ. 3e, 7 avr. 2004, n° 02-18.979, pub. *Bull.*

[101] K. MOYA, *thèse préc.*, n° 351.

de la chose. Il peut établir une relation entre son titulaire et le titulaire d'un autre droit réel, au moins aussi étendu que le sien. Tel est bien le cas si un sous-usufruit est constitué. Le sous-usufruit étant ainsi défini, il reste à envisager son régime juridique (1) et les conséquences théoriques qu'entraîne sa reconnaissance (2).

1. Le régime du sous-usufruit

47. S'agissant de la constitution du sous-usufruit, deux hypothèses pourraient se présenter en pratique. Il pourrait d'abord arriver que le sous-usufruit s'adosse à un usufruit primaire de source légale. Dans ce cas, l'usufruit secondaire serait issu d'un contrat principal constitutif d'un usufruit sur la chose objet de l'usufruit primaire. En revanche, dans le cas plus fréquent où l'usufruit primaire aurait sa source dans un contrat, l'usufruit secondaire serait issu d'un sous-contrat[102]. Le sous-contrat « désigne le contrat qui vient se greffer sur un contrat principal. Ces deux contrats sont de nature identique et il existe entre eux un rapport hiérarchique, le sous-contrat étant dans la dépendance du contrat principal »[103]. Plus précisément, le sous-contrat lui doit « sa naissance, et son existence » [104]. Quant à « son objet et, en principe, sa nature juridique, [ils] sont identiques à ceux de la convention d'origine »[105].

48. Il est acquis qu'un sous-contrat peut avoir pour objet la concession de la jouissance de la chose d'autrui[106]. Le plus souvent, il prend la forme d'un contrat de sous-location. Ce dernier a pour objet la jouissance de la chose visée dans le contrat de bail principal. Le sous-locataire est alors tenu des obligations incombant à un

---

[102] Lorsque l'usufruit primaire aura sa source dans la loi, l'usufruit secondaire ne sera pas créé par un sous-contrat mais par un contrat principal constitutif d'un droit d'usufruit sur la chose objet de l'usufruit primaire.

[103] F. TERRÉ, F. CHÉNÉDÉ, Y. LEQUETTE et P. SIMLER, *Les obligations*, Dalloz, 13e éd., 2022, n° 118.

[104] J. NÉRET, *Le sous-contrat*, préf. P. Catala, LGDJ, 1979, n° 181.

[105] J. NÉRET, *thèse préc.*, n° 181.

[106] J. NÉRET, *thèse préc.*, n° 242 : « Pour tous les sous-contrats de cette seconde catégorie, le contractant originaire concède à l'intermédiaire la jouissance d'une chose que celui-ci confie à son tour à une tierce personne, le sous-contractant ». L'auteur ne range dans cette catégorie que la sous-location et le sous-prêt à usage des choses corporelles ainsi que la sous-licence des brevets et des marques (*op. cit.*, n° 243 et s.).

locataire, au premier rang desquelles figure le paiement d'un loyer. De son côté, le locataire doit respecter les obligations d'un bailleur. Ainsi, outre la jouissance paisible des lieux loués, il doit procéder aux réparations autres que locatives (cf. art. 1719 et s. c. civ.). Enfin, comme le contrat de bail principal, la sous-location appartient à la catégorie des contrats de louage de chose et obéit à leur régime.

49. Le sous-contrat constitutif d'un usufruit obéira aux mêmes principes directeurs. D'une part, sa naissance et son existence seront subordonnées à celles de l'usufruit primaire. Le second usufruit s'éteindra donc au plus tard en même temps que le premier[107]. D'autre part, son objet sera celui de l'usufruit primaire, à savoir la chose appartenant au nu-propriétaire. Enfin, l'usufruitier primaire sera tenu des mêmes obligations que le nu-propriétaire[108], tandis que les droits et obligations de l'usufruitier secondaire seront calqués sur ceux de l'usufruitier primaire *es qualité*. La possibilité ainsi reconnue à un usufruitier de constituer un sous-usufruit sur la chose objet de son droit entraîne des conséquences théoriques qu'il convient à présent de mettre en lumière.

2. Conséquences théoriques

50. La reconnaissance du sous-usufruit confirme d'abord l'inexactitude de la théorie du démembrement de la propriété, maintes fois dénoncée en doctrine. Il résulte de cette théorie que la constitution d'un droit réel sur la chose d'autrui fait disparaître le droit de propriété. Plus précisément, elle opère une scission du droit de propriété en deux droits, à savoir un droit de nue-propriété et un autre droit réel, chacun offrant à son titulaire une partie des prérogatives attachées à la propriété[109]. Or, si comme le prétend cette

---

[107] Cf. J. DABIN, *op. cit.*, p. 196, qui écrit, à propos du second usufruit, qu'il « s'éteindra non seulement pour les causes d'extinction à lui propres, mais [aussi] par les causes d'extinction propres au premier usufruit ».

[108] V. notamment art. 599, al. 1 ; 605, al. 2 ; 609 et 612 c. civ.

[109] Cf. DE VAREILLES-SOMMIERES, « La définition et la notion juridique de la propriété », *RTD civ.* 1905. 443 et s., n° 84 : « la propriété alors, pour ces auteurs, n'existe ni d'un côté ni de l'autre. On ne la retrouve qu'en additionnant les pouvoirs qui restent à l'ex-propriétaire et ceux qu'a acquis le titulaire du nouveau droit réel et en unifiant par la pensée ces deux personnes ». Pour une présentation approfondie de la théorie du démembrement de la propriété et sa

théorie, la constitution d'un usufruit résultait d'un démembrement du droit de propriété, cette dernière ne pourrait être décidée que par le propriétaire. L'usufruitier, qui par définition n'est pas propriétaire de la chose objet de son droit, ne pourrait donc pas constituer un autre droit réel d'usufruit, ou un autre droit réel de jouissance, sur cette chose.

51. La constitution par l'usufruitier d'un droit réel de jouissance condamne plus largement l'idée de démembrement des droits. En effet, la conclusion d'un sous-usufruit n'opère pas la scission de l'usufruit primaire en deux droits octroyant à leurs titulaires une partie des prérogatives attachées au droit scindé. En d'autres termes, elle n'opère pas une ventilation des prérogatives attachées au premier usufruit entre l'usufruitier primaire et l'usufruitier secondaire. Au contraire, les droits accordés à l'usufruitier secondaire sont calqués sur ceux dont bénéficie l'usufruitier primaire, *es qualité*, lequel s'engage alors à ne pas exercer les siens.

52. En dernier lieu, dès lors que le sous-usufruit ne porte pas sur le droit d'usufruit mais sur la chose qui en est l'objet, le recours à la théorie de la propriété des droits devient inutile pour expliquer la figure de l'usufruit de l'usufruit. En effet, de la même manière que le locataire n'a pas besoin d'être propriétaire de son droit personnel de jouissance pour conclure un contrat de sous-location, l'usufruitier n'a pas besoin d'être propriétaire de son droit d'usufruit pour investir l'usufruitier secondaire d'un droit réel de jouissance. Il tire cette faculté de son propre droit. Celui-ci est à la fois le fondement et la mesure de l'usufruit secondaire, conformément à l'adage *nemo plus juris*.

53. En conclusion, les développements qui précèdent montrent que l'usufruit ne peut pas avoir pour objet des droits, qu'ils soient personnels ou réels. En revanche, il peut porter sur les choses objets de ces droits. S'agissant des droits personnels, si toutes les créances constituent des instruments d'appropriation, seules les créances translatives, réduites aux créances monétaires[110], investissent le

---

critique, v. N. KILGUS, *thèse préc.*, n° 99 et s. V. également M. FABRE, *thèse préc.*, n° 331 et s.

[110] V. *supra* n° 36.

créancier de la faculté de constituer un usufruit sur leur objet. Cet usufruit s'exercera sur les fonds de manière médiate, par le vecteur de la créance, puis, de manière immédiate, une fois la créance payée. S'agissant des droits réels, l'usufruit peut avoir pour objet la chose objet d'un droit de propriété ou d'un droit d'usufruit. Dans ce dernier cas, l'usufruitier primaire devra conclure avec l'usufruitier secondaire un sous-usufruit placé sous la dépendance de l'usufruit primaire. Ainsi expliqués, les rapports de l'usufruit avec les droits réels ou personnels remettent en cause le bien-fondé et l'utilité de la théorie de la propriété des droits. Il convient à présent de vérifier si cette analyse conserve sa validité sur le terrain des droits sociaux.

SECTION II. LES DROITS SOCIAUX

54. Les droits ou titres sociaux désignent les parts sociales et actions émises par une société en échange d'un apport en numéraire ou en nature[111]. Ils « confèrent la qualité d'associé »[112] et comprennent des prérogatives pécuniaires et extra-pécuniaires. Parmi les premières, figurent le droit aux dividendes et, en cas de dissolution de la société, le droit à la restitution de l'apport et à l'octroi d'une partie du *boni* de liquidation[113]. Les prérogatives extra-pécuniaires, qu'il s'agisse du droit de vote, du droit à l'information ou encore de celui d'être convoqué aux assemblées générales, poursuivent quant à elles un même objectif, à savoir la

---

[111] En vertu de l'art. 1843-2 al. 2 du code civil, « les apports en industrie ne concourent pas à la formation du capital social mais donnent lieu à l'attribution de parts ouvrant droit au partage des bénéfices et de l'actif net, à charge de contribuer aux pertes ». Les parts en industrie doivent donc être distinguées des parts sociales (cf. A. LECOURT, v° Apports, *Rép. des sociétés*, janv. 2024, n° 664.). L'apporteur en industrie a néanmoins la qualité d'associé, au même titre que l'apporteur en nature ou en numéraire. Il dispose donc des mêmes prérogatives extra-pécuniaires. Quant à la rémunération de son apport, l'art. 1844-1 al. 1er c. civ. fixe une règle supplétive de volonté : « la part de l'associé qui n'a apporté que son industrie est égale à celle de l'associé qui a le moins apporté ». Si les développements qui suivent ne traitent que de l'usufruit des parts sociales, ils sont transposables aux parts en industrie.

[112] A. TADROS, *thèse préc.*, p. 2.

[113] Le *boni* de liquidation « est la somme d'argent distribuée aux associés à l'issue de l'opération de liquidation (après paiement des créanciers et reprises des apports) et constituée par les bénéfices mis en réserve au cours de la vie sociale » (*Vocabulaire juridique de l'Association Henri Capitant*, dir. G. Cornu, PUF, 8e éd 2007).

participation de l'associé à la vie sociale. En pratique, il n'est pas rare que les droits sociaux soient source d'usufruit. Ce montage, qui retient depuis longtemps l'attention de la doctrine[114], est communément nommé usufruit des droits sociaux. Une telle expression mérite néanmoins une analyse serrée. Il ne saurait être question de l'adopter sans s'interroger au préalable sur la nature juridique de l'usufruit des droits sociaux (§I). Ce n'est qu'une fois ce problème réglé que l'on pourra en déduire le régime juridique (§II).

§ I. La nature de l'usufruit des droits sociaux

55. L'idée selon laquelle les droits sociaux peuvent être l'objet d'un usufruit constitué par l'associé est bien ancrée en doctrine. Elle est tantôt justifiée par leur rattachement à la catégorie des droits personnels (A), tantôt à celle des droits réels (B)[115]. Pourtant,

---

[114] V. par ex. P. SAUTAI, *L'usufruit des valeurs mobilières*, Dalloz, 1925 ; A. WAHL, « Des droits respectifs de l'usufruitier et du nu-propriétaire sur les titres, leurs produits et leurs accessoires », *Journ. soc.* 1925.131 ; J. LEBLOND, « Des droits respectifs du nu-propriétaire et de l'usufruitier dans les bénéfices, les réserves, les remboursements et amortissements de capital, ainsi que dans les augmentations de capital en numéraire ou par incorporation de réserves », *Gaz. Pal.* 1956.2, doctr. 1 ; A. LE BAYON, « L'usufruit des parts sociales », *Rev. sociétés* 1973.435 ; L. AYNÈS, « Usufruit, droit d'usage », *Rev. Sociétés* 1999. 593 ; R. LIBCHABER, « Pour un renouvellement de l'analyse des droits sociaux », *Aspects actuels du droit des affaires. Mélanges en l'honneur de Yves Guyon*, Dalloz, 2003, p. 717 et s., spéc. n° 16 et s. Pour une bibliographie exhaustive, v. F. ZENATI, v° Usufruit de droit sociaux, *Rép. droit des sociétés*, 2003, actualisation fév. 2025.

[115] On laissera de côté la thèse selon laquelle les droits sociaux seraient des meubles corporels. Celle-ci s'appuyait sur l'idée de l'incorporation des titres dans le support papier qui les constatait. Cette qualification était cependant bien fragile dans la mesure où elle dépendait de la nature du support constatant les titres : ce n'était que parce que le premier était corporel qu'il en allait de même des seconds. Elle a été balayée par la loi du 30 décembre 1981 qui a remplacé le support papier par une inscription en compte (cf. art. 94 II, loi n° 81-1160 du 30 décembre 1981). Aujourd'hui, le caractère incorporel des actions et parts sociales n'est plus discuté (cf. F. TERRÉ, P. SIMLER et V. FORTI, *Les biens*, Dalloz, 11e éd., 2024, n° 42 : « L'on peut considérer, sinon qu'on est passé du titre au signe, du moins que la dématérialisation était la marque du passage général du corporel à l'incorporel (...). Il est normal dans ces conditions de considérer que les valeurs mobilières sont des biens incorporels ». V. aussi S. PIEDELIÈVRE, « Le matériel et l'immatériel. Essai d'approche de la notion de bien », *art. préc.*, p. 60 : « Il est

l'usufruit dont ils sont le vecteur se comprend bien mieux si l'on accepte de les considérer comme des instruments d'appropriation de l'actif social (C).

A. Les droits sociaux rattachés aux droits personnels

56. Selon les auteurs, le degré de rattachement des droits sociaux à la catégorie des droits personnels est plus ou moins élevé (1). Les opérations de qualification auxquelles ils se livrent sont toutefois indifférentes au regard de l'objet de notre étude (2).

1. Les degrés du rattachement

57. Pour de nombreux auteurs, les droits sociaux méritent d'être qualifiés de droit de créance[116]. De fait, en contrepartie de son

---

donc incontestable que l'abstraction est totale ; le signe est la seule représentation d'un droit incorporel qui s'était matérialisé dans son titre »). V. toutefois D. R. MARTIN, « De la nature corporelle des valeurs mobilières (et autres droits scripturaux) », *D.* 1996, Chron. 47 ; « L'apport du droit de l'entreprise au droit des biens », *Cah. dr. entr.*, 1997, supplément n° 2, p. 15 ; « Valeurs mobilières : défense d'une théorie », *D.* 2001, Chron. 1228 ; « La théorie de la scripturalisation », *D.* 2005. Chron. 1702 ; « Usufruit et propriété de droits sociaux », *D.* 2009. 2444. L'auteur considère que l'inscription en compte n'a pas supprimé la matérialité des titres. Sa position demeure isolée (pour une critique, cf. A. TADROS, *thèse préc.*, n° 19). Dans ces conditions, il convient de considérer que les droits sociaux, dès lors qu'ils confèrent à leur titulaire un ensemble de prérogatives pécuniaires et extra-pécuniaires, doivent être rattachés à la catégorie des droits, et non à celle des choses incorporelles (cf. W. DROSS, *op. cit.*, n° 505 : « Si l'on refuse de confondre le titre d'associé avec l'inscription qui ne fait qu'en assurer la formalisation, il faut convenir qu'il est un droit, que l'on cherchera alors à inscrire dans la dichotomie fondamentale des droits réels et personnels ». Comp. K. MOYA, *thèse préc.*, n° 82, note 183, qui qualifie les droits sociaux de « choses juridiques », au même titre que les droits réels et personnels).

[116] V. par ex. G. RIPERT et R. ROBLOT, *Traité de droit commercial*, t. 1, vol. 2, *Les sociétés commerciales*, par M. GERMAIN, avec le concours de V. MAGNIER, LGDJ, 19e éd., 2009, n° 1081 : « La meilleure solution consiste à considérer que les associés sont *créanciers de la société* en raison de l'apport qu'ils lui ont consenti. C'est une créance éventuelle sur les bénéfices à venir et sur le partage de l'actif, s'il en existe, au cas de dissolution » ; P. DIDIER, *Droit commercial*, t. 3, PUF, 1993, p. 132 : « les valeurs mobilières sont des droits mobiliers incorporels semblables ou assimilables aux créances ordinaires » ; V. MERCIER, *L'apport du droit des valeurs mobilières à la théorie générale du droit des biens*, préf. D. PORACCHIA, PUAM, 2005, n° 119-130 ; F.-X. LUCAS,

apport, l'associé « devient créancier d'une partie des bénéfices réalisés au cours de la vie sociale et ce, sous la forme de dividendes ; il est également créancier de la restitution de ses apports ; enfin, il est créancier d'une partie du *boni* de liquidation »[117]. Encore faut-il préciser que ce droit de créance n'est qu'éventuel puisque, pendant la vie de la société, il suppose que celle-ci réalise des bénéfices et décide de les distribuer et après sa dissolution, qu'un actif net soit caractérisé[118]. Cependant, l'associé est aussi investi de prérogatives extra-pécuniaires, encore appelées droits politiques (droit de vote, droit à l'information...). C'est précisément l'existence de ces prérogatives qui est parfois présentée comme obstacle à la qualification pure et simple des droits sociaux comme droits personnels[119].

58. Dans une telle perspective, les droits sociaux seraient des « biens incorporels *sui generis* »[120] ou encore des « droits *sui*

« Retour sur la notion de valeurs mobilières », *Bull. Joly Sociétés* 2000. 765, spéc. n° 12 : « L'affirmation que les valeurs mobilières doivent être rangées dans la catégorie des droits de créance ne nous semble pas se prêter le moins du monde à la contestation, même s'il nous faut concéder que ce sont des créances d'un genre particulier » ; v. de même n° 13.

[117] A. TADROS, *thèse préc.*, n° 10 et les références citées note 19. L'auteur n'adhère cependant pas à la qualification de droits personnels et retient celle de droit *sui generis* (cf. *thèse préc.* n° 109).

[118] Cf. G. RIPERT et R. ROBLOT, *Traité de droit commercial*, t. 1, vol. 2, *Les sociétés commerciales*, par M. GERMAIN, LGDJ, 19e éd., n° 1081 : il s'agit d'une « créance éventuelle sur les bénéfices à venir et sur le partage de l'actif, s'il en existe, au cas de dissolution ».

[119] V. en ce sens H. BATIFFOL, « Problèmes contemporains de la notion de biens », *APD* 1979, p. 9, spéc. p. 11 et 12. V. toutefois F.-X. LUCAS, « Retour sur la notion de valeur mobilière », *art. préc.*, n° 13 : « Les actions doivent également être rattachées à la catégorie des droits de créance. Certains ont pu en douter au motif que les droits patrimoniaux de l'actionnaire se doublent de prérogatives politiques (droit de vote, droit à l'information) qui rendraient l'action irréductible à un droit de créance. Pourtant, il ne nous semble pas heurter le bon sens de retenir qu'une action confère à son titulaire un certain nombre de droits qui invitent à voir en lui un créancier de la société émettrice, créancier du remboursement de son apport, d'une part du boni de liquidation et du versement d'éventuels dividendes. Peu importe que ces droits patrimoniaux se doublent de prérogatives extrapatrimoniales. Ces prérogatives politiques ne permettent pas d'écarter le rattachement à la catégorie des droits de créance ».

[120] A. TADROS, *La jouissance des titres sociaux d'autrui*, préf. T. REVET, Dalloz, vol. 130, 2013, n° 109 et s. V. déjà en ce sens. R. SAVATIER,

generis »[121]. Cette qualification permettrait de mieux rendre compte de leur originalité, qui résiderait dans les prérogatives extra-pécuniaires attribuées à l'associé. En effet, en lui permettant de participer à la vie sociale, elles s'exercent « davantage *dans* la société et non *contre* la société »[122]. Les prérogatives extra-pécuniaires constitueraient, avec les prérogatives pécuniaires, la « substance » des droits sociaux[123], ce terme désignant « l'ensemble des qualités qui contribuent à révéler l'identité de la chose, tout ce qui apparaît comme pouvant participer à son essence »[124].

59. Cela étant, la qualification des droits sociaux en droits de créance purs et simples ou en droits *sui generis* n'a pas d'incidence du point de vue ici adopté. En effet, même lorsqu'ils sont qualifiés de droits *sui generis*, les droits sociaux ne peuvent pas être totalement détachés des droits de créance. Ils ont nécessairement une

---

Les métamorphoses économiques et sociales du droit privé d'aujourd'hui, t. 3, Dalloz, 1959, n° 498 ; C. LARROUMET et B. MALLET-BRICOUT, *op. cit.*, n° 5.

[121] A. TADROS, *thèse préc.*, n° 106.

[122] A. TADROS, *thèse préc.*, n° 108.

[123] A. TADROS, *thèse préc.*, n° 103 : « Dans la mesure où les actions et les parts sociales apparaissent comme des créations *ex nihilo*, toutes les prérogatives offertes par ces dernières sont des aspects essentiels car il n'y aurait plus de logique à considérer que l'homme crée un bien qu'il dote de moyens ne permettant pas de profiter de son utilité. Ainsi, il apparaît que les prérogatives des titres sociaux participent toutes de la substance des titres sociaux ». V. dans le même sens N. JULLIAN, note sous Civ. 3e, 19 sept. 2024, n° 22-18.687, *Revue des sociétés* 2025. 55, n° 12 : « La substance des droits sociaux doit être recherchée dans ce qu'ils offrent, autrement dit leur utilité et ce qu'ils représentent. En ce sens, la substance des droits sociaux renvoie d'abord aux droits politiques et financiers qui en sont l'essence même : les droits de participer, de voter et le droit aux résultats de la société. Ensuite, leur substance peut être recherchée également dans le capital social et donc dans la dette de restitution de la société envers les associés en cas de dissolution de cette dernière ».

[124] A. TADROS, *thèse préc.*, n° 99. L'auteur s'appuie sur les travaux de M. BECQUET qui soutient que « la notion de substance acquiert un sens (…) parce qu'elle explique l'utilité de la chose, c'est-à-dire ses aptitudes à se soumettre à telle ou telle destination » (S. BECQUET, *Le bien industriel*, préf. T. REVET, LGDJ, 2005, n° 19). Dans cette perspective, la substance serait dissociée de la matière. Cette dissociation serait encouragée par l'admission jurisprudentielle, puis légale, de l'erreur sur les qualités substantielles de la chose (cf. A. TADROS, *thèse préc*, n° 98 et 99). V. dans le même sens, N. KILGUS, *thèse préc*, n° 308 et 320, qui assimile la substance à l'utilité essentielle de la chose.

composante qui relève de la qualification de droit personnel. Il en résulte que le degré du rattachement à la catégorie des droits personnels est en réalité indifférent sur le terrain de l'usufruit.

2. L'indifférence du rattachement

60. Quel qu'en soit le degré, le rattachement des droits sociaux à la catégorie des droits personnels aboutit inéluctablement à une analogie entre le mécanisme de l'usufruit des droits sociaux et celui de l'usufruit des créances. Une telle analogie est parfois explicitement revendiquée[125]. Concernant l'usufruit des créances, on rappellera que la doctrine distingue l'objet de l'usufruit avant et après le paiement de la créance : tandis qu'avant le paiement, l'usufruit aurait pour objet la créance, il s'exercerait après sur les fonds versés[126]. Autrement dit, l'effet extinctif du paiement n'atteindrait pas l'usufruit qui, par le jeu de la subrogation réelle, se reporterait sur les sommes versées et se transformerait, par la même occasion, en un quasi-usufruit, en vertu duquel l'usufruitier serait tenu de restituer les fonds à l'extinction de son droit.

61. Or ce même raisonnement est mené au sujet de l'usufruit des droits sociaux. En effet, si, tant que dure la société, l'usufruit aurait pour objet les droits sociaux, à sa dissolution, il se reporterait, par le jeu de la subrogation réelle, sur l'apport restitué et le *boni* de liquidation, à charge pour l'usufruitier de les rendre au nu-

---

[125] V. par ex. F. DANOS, note sous Civ. 3e, 19 sept. 2024, n° 22-18.687, pub. *bull.*, *JCP G* 2024. 1228 : « le régime de l'usufruit des créances s'applique donc à l'usufruit des parts sociales ». Comp. R. LIBCHABER, « Pour un renouvellement de l'analyse des droits sociaux », *art. préc.*, n° 17. L'auteur propose de limiter l'objet de l'usufruit des droits sociaux aux seules prérogatives pécuniaires : « La qualité d'associé n'étant pas réductible à un bien, il n'est pas question d'en escompter un quelconque démembrement. L'usufruit classique est donc proscrit ; mais pas pour autant un usufruit portant spécifiquement sur les créances pécuniaires de l'associé : créances de dividendes, et éventuellement du boni de liquidation. Qu'est-ce qui empêche de considérer, dans le cas d'un usufruit conventionnel ou successoral, qu'il y a en réalité démembrement de la seule prérogative patrimoniale et frugifère dans la qualité d'associé, soit le droit aux dividendes ou à la restitution des apports ? ».

[126] V. *supra* n° 21.

propriétaire à l'extinction de son droit[127]. Lorsque l'apport a été effectué en numéraire, l'usufruit des droits sociaux se transformerait ainsi en un quasi-usufruit de l'actif restitué.

---

[127] F. ZENATI, v° Usufruit de droit sociaux, *Rép. droit des sociétés*, n° 529 : « La jurisprudence a consacré le jeu de la subrogation réelle dans l'usufruit des droits sociaux en matière de dissolution. Elle considère que ce droit ne s'éteint pas par la dissolution de la société mais s'exerce nécessairement selon des modes différents (Civ. 1ère, 8 mars 1988, *Rev. sociétés* 1988.409, note A. VIANDIER, *RTD civ.* 1989.781, note F. ZENATI). Cette solution s'interprète comme rappelant que ces droits sociaux perdurent au cours de la période de liquidation, mais aussi comme réglant le sort de l'usufruit après l'extinction de ces droits à la clôture de la liquidation. Elle signifie à cet égard que le droit d'usufruit se reporte sur le boni de liquidation et, le cas échéant, sur les apports restitués au nu-propriétaire. L'usufruitier peut donc non seulement exiger la remise de ces biens en sa qualité d'administrateur des droits sociaux mais également en jouir jusqu'à l'extinction de l'usufruit. De la sorte, la jouissance de l'usufruitier ne souffre d'aucune solution de continuité et son report sur un objet nouveau ne nécessite-t-il aucun concours du nu-propriétaire » ; N. KILGUS, *thèse préc.*, n° 432 : « Lors de la dissolution d'une société, un quasi-usufruit est pareillement reconnu s'agissant du boni de liquidation. Plus largement, rappelons que la subrogation réelle permet la sauvegarde d'un droit par modification de son objet » ; F. DANOS, *note préc.* : « Les sommes qui "procèdent" des parts sociales et qui en altèrent ou diminuent la substance tombent par subrogation réelle dans l'assiette de l'usufruit (elles se substituent partiellement au bien grevé – les parts sociales – dont elles diminuent la substance). Ces sommes reviennent, pour la durée restante de l'usufruit, à l'usufruitier sous forme de quasi-usufruit, avant d'être restituées au nu-propriétaire » ; A. LECOURT, obs. sous Civ. 3e, 19 sept. 2024, n° 22-18.687, *RTD com.* 2024. 930 : « Si la liquidation permet de dégager un boni de liquidation, l'usufruit porte sur les biens dont le nu-propriétaire va finalement bénéficier. S'il s'agit d'un bien consomptible, et notamment, le plus souvent, d'une somme d'argent, l'usufruitier va jouir d'un quasi-usufruit. Il pourra parfaitement disposer de la somme versée au moment de la liquidation mais devra la restituer au nu-propriétaire en fin d'usufruit car, en effet, et sauf convention contraire, la dissolution puis la liquidation amiable de la société ne met pas un terme à l'usufruit. Faute de s'exercer sur les titres, il s'exerce alors sur les biens attribués aux associés, comme par subrogation réelle » ; J.-F. BARBIÈRI, « Usufruit de parts ou actions : quelques éléments de réflexion oubliés ? », *BJS*, sept. 2022, p. 47 et s., n° 9 : « le cœur du droit de jouissance reconnu à l'usufruitier est préservé puisque, par le jeu de la subrogation réelle, ce droit continue de s'exercer sur les bénéfices non encore affectés, sur les réserves constituées antérieurement, voire sur les « biens en nature » qui subsisteraient, et, in fine, sur l'éventuel boni de liquidation en espèces, par mutation définitive de l'usufruit de droits sociaux en quasi-usufruit – dont il était très proche précédemment ».

62. À l'évidence, cette analyse présente les mêmes faiblesses que celles identifiées à propos de l'usufruit des créances. En effet, de la même manière que « l'argent ne remplace pas la créance, parce qu'il n'existe entre ces deux éléments ni rapport de causalité, ni rapport d'équivalence, mais un rapport de but à moyen »[128], l'actif social remis à l'associé lors de la dissolution de la société ne remplace pas ses droits sociaux : il en constitue l'ultime finalité[129]. Ainsi, il existe entre l'actif social restituable et les droits sociaux « un rapport de but à moyen ». C'est dire que l'usufruit qui s'exerce sur l'actif social distribué ne s'explique pas par l'usufruit dont seraient l'objet les droits sociaux avant cette distribution. En réalité, de même que l'usufruit n'a pas pour objet la créance, il n'a pas pour objet les droits sociaux, que ceux-ci soient assimilés à des droits de créance purs et simples ou bien qu'ils soient analysés comme des droits *sui generis*. Qu'en est-il si les droits sociaux sont envisagés sous l'angle des droits réels ?

B. Les droits sociaux rattachés aux droits réels

63. La question se pose de savoir si les droits sociaux peuvent être rattachés aux droits réels. Il faut d'emblée exclure toute référence au droit de propriété. En effet, « la personnalité morale fait obstacle à ce que l'on puisse considérer que l'associé est propriétaire des biens qui composent le patrimoine de cette dernière »[130]. Si l'on élimine le droit de propriété, il reste le droit d'usufruit. Tel est précisément le sens de la thèse soutenue par M. Laurent. Il conviendra de l'exposer (1) avant de mettre en lumière les objections qui peuvent lui être opposées (2).

1. La thèse de M. Laurent

64. Selon M. Laurent, si le droit de propriété de la société sur l'actif social interdit de qualifier le droit des associés sur cet actif de droit de propriété, les droits sociaux pourraient en revanche être

---

[128] M. JULIENNE, *thèse préc.*, n° 228.

[129] Il est bien évident que l'associé qui se lance dans l'aventure sociétaire poursuit un objectif d'enrichissement, lequel sera rempli, en cas de dissolution de la société, lorsqu'en plus de la restitution de son apport, il percevra un *boni* de liquidation.

[130] W. DROSS, *Les choses*, LGDJ, 2012, n° 505-1. V. également A. TADROS, *thèse préc.*, n° 107.

qualifiés d'usufruit. Il écrit en ce sens que « la faculté de percevoir par prélèvement les fruits issus de [l'] exploitation [de la société] nous semble plaider en faveur de la qualification de droit réel et plus précisément celle d'un usufruit spécial »[131]. Ainsi, en vertu de leurs droits sociaux, les associés seraient des usufruitiers de l'actif social, tandis que la société en serait nue-propriétaire[132].

65. Cette qualification permettrait d'expliquer que les associés perçoivent les dividendes provenant des bénéfices de l'actif social, c'est-à-dire les fruits d'une chose dont ils ne sont pas propriétaires[133]. Elle serait en outre apte à « expliquer que les associés aient un pouvoir concret de direction et d'affectation des biens et des ressources de la personne morale »[134]. En effet, en tant qu'« administrateurs de la chose d'autrui, ils doivent conformément à l'article 578 du Code civil, veiller à la conservation de sa "substance" ; devoir qui s'incarne dans l'obligation qu'ont les associés de respecter l'intérêt social. Également, conformément aux articles 591 et 593 du Code civil, ils s'obligent à respecter la destination de la chose que lui a imprimée le propriétaire, c'est-à-dire l'activité à laquelle est voué le capital social »[135].

66. Après avoir exposé sa thèse selon laquelle la part sociale serait un usufruit spécial sur l'actif social, M. Laurent s'intéresse à ses conséquences en cas de constitution d'un usufruit par l'associé. Selon lui, « dans le droit fil de cette idée, l'usufruit d'une part sociale s'analyse comme l'usufruit d'un droit d'usufruit – une figure familière dont on voit qu'il opère nettement une ventilation entre le titre (d'associé) et l'émolument (le droit aux dividendes) »[136].

---

[131] J. LAURENT, *thèse préc.*, n° 379.
[132] Cf. J. LAURENT, *thèse préc.*, n° 379 : « En effet, il paraît concevable que les associés reçoivent, en contrepartie de leurs apports et concomitamment à la constitution du capital social, un usufruit sur ce dernier, constitutif de la part sociale. C'est à ce titre que les associés ont vocation à percevoir pour partie les fruits issus de l'exploitation du capital social ».
[133] Cf. J. LAURENT, *thèse préc.*, n° 379 : « cette analyse permet de comprendre que les dividendes étant la part des bénéfices qui revient aux associés, la créance monétaire de dividendes emprunte nécessairement aux bénéfices leur nature de fruits industriels ».
[134] J. LAURENT, *thèse préc.*, n° 380.
[135] J. LAURENT, *op. cit. loc. cit.*
[136] J. LAURENT, *op. cit. loc. cit.*

2. Les objections

67. La thèse défendue par M. Laurent présente des faiblesses aussi bien dans son contenu (a) que dans ses conséquences (b).

a. Le contenu

68. L'idée selon laquelle les droits sociaux seraient un usufruit de l'actif social peut être critiquée aussi bien sur le terrain du droit des sociétés que sur le terrain du droit des biens.

69. Sur le terrain du droit des sociétés, M. Tadros a d'ores et déjà émis une critique à laquelle nous ne pouvons que souscrire. L'auteur observe que si les associés étaient usufruitiers de l'actif social, cette qualité leur conférerait le pouvoir de l'administrer. Or « en droit des sociétés, l'administration de l'actif social est une prérogative qui échoie (...) à la société, laquelle exprime sa volonté à travers ses organes »[137]. Autrement dit, les règles de fonctionnement des sociétés, qui sont le reflet de leur personnalité morale, s'opposent à ce que les sociétés soient, *ab initio* et systématiquement, dépossédées de la gestion de leur actif. Or c'est bien à ce résultat qu'aboutit l'analyse des droits sociaux sous l'angle de l'usufruit.

70. Si l'on raisonne à présent en droit des biens, le montage suggéré par M. Laurent se heurte à la règle selon laquelle l'usufruit s'éteint au plus tard au décès de l'usufruitier. Dans ces conditions, si l'associé était usufruitier de l'actif social, son droit, caractérisé, selon M. Laurent, par la part sociale qu'il détient[138], s'éteindrait au plus tard à son décès. Par conséquent, sauf clause contraire[139], la part ne pourrait être transmise à ses héritiers, la pleine propriété de l'actif social étant alors reconstituée au profit de la société. Toutefois, celle-ci serait tenue de restituer aux héritiers de l'associé l'apport que ce dernier aurait effectué. En effet, la part sociale étant la contrepartie

---

[137] A. TADROS, *thèse préc.*, n° 107.

[138] J. LAURENT, *thèse préc.*, n° 379 : « En effet, il paraît concevable que les associés reçoivent, en contrepartie de leurs apports et concomitamment à la constitution du capital social, un usufruit sur ce dernier, constitutif de la part sociale ».

[139] Il s'agirait d'une clause de réversion d'usufruit.

de l'apport, la disparition de cette part devrait entraîner la restitution de sa contrepartie. En outre, cette obligation de restitution devrait logiquement être exécutée au décès de l'associé et non à la dissolution de la société. Or un tel montage ne serait pas très heureux dans la mesure où l'obligation de restitution mise à la charge de la société en cours de vie sociale entamerait son actif et mettrait en péril son existence. Il est d'ailleurs contredit par la réalité. En effet, les parts sociales sont indiscutablement transmises lors de la succession de l'associé[140]. La position de M. Laurent, qui consiste à soutenir que les droits sociaux sont un usufruit sur l'actif social, est également critiquable quant à ses conséquences.

---

[140] M. Tadros a également opposé un autre argument qui se situe aussi sur le terrain du droit des biens. Il observe que la qualification d'usufruit aurait « pour conséquence immédiate de nier le caractère frugifère des titres sociaux, puisque les fruits perçus par les associés – les usufruitiers – sont ceux qui sont produits par l'actif social. Or les dividendes sont distincts des bénéfices précisément parce que les premiers sont des fruits des titres sociaux alors que les seconds sont des fruits de l'actif social » (A. TADROS, *thèse préc.*, n° 107). En d'autres termes, si les bénéfices réalisés constituent bien des fruits de l'actif social, le droit des associés aux dividendes ne serait pas assimilable à un droit à de tels fruits. En effet, les dividendes ne se confondraient pas avec les bénéfices réalisés dans la mesure où ils prennent naissance postérieurement à ces derniers, par la décision de l'assemblée générale de distribuer les bénéfices aux associés (cf. Com. 23 oct. 1990, n° 89-13.999, pub. *Bull.* ; Com. 28 nov. 2006, n° 04-17.486, pub. *Bull.*). Les dividendes, qui dépendent de la mise en œuvre du droit de vote, c'est-à-dire d'une prérogative attachée aux titres sociaux, constitueraient pour cette raison des fruits des titres sociaux. Cet argument ne nous semble toutefois pas imparable. D'une part, il est loin d'être évident que les titres sociaux, c'est-à-dire des droits, puissent fournir des fruits (cf. W. DROSS, *op. cit.*, n° 506-1 : « Les titres sociaux n'étant pas des choses, ils ne sauraient produire des fruits » ; v. aussi J. LAURENT, *thèse préc.*, n° 379 : « Une première hypothèse nous semble devoir être écartée, selon laquelle les dividendes seraient directement des fruits produits par la part sociale. La part sociale n'est pas en soi frugifère. La part sociale est le titre juridique conféré aux associés en contrepartie (et proportion) de leurs apports : seule l'exploitation des biens de la société – l'actif social – est à l'origine d'une production de bénéfices, eux-mêmes source d'une éventuelle distribution donc de dividendes »). D'autre part, si la décision de distribuer les bénéfices donne effectivement naissance au droit de l'associé de percevoir des dividendes, rien n'oblige à considérer que ces dividendes sont autre chose que des bénéfices réalisés. En réalité, le seul changement qu'opère la décision de distribuer des bénéfices concerne le caractère du droit qu'a l'associé de percevoir les bénéfices sous forme de dividendes : jusque-là éventuel, ce droit devient certain.

b. Les conséquences

71. M. Laurent déduit de son analyse que si les associés constituent un usufruit, celui-ci aura pour objet leurs droits sociaux. Autrement dit, l'usufruit des parts sociales aurait pour objet un droit d'usufruit. Cette position, qui ne surprend pas, dans la mesure où l'auteur est un fervent partisan de la théorie de la propriété des droits, n'est pas tenable. Comme on l'a vu, la figure de l'usufruit d'un usufruit est illusoire[141]. En effet, lorsqu'un usufruitier constitue un usufruit, ce dernier a toujours pour objet la chose sur laquelle porte son propre droit. Autrement dit, l'usufruit secondaire est un sous-usufruit[142]. Dans ces conditions, à supposer même que les associés soient usufruitiers de l'actif social, c'est uniquement sur cet actif qu'ils pourraient eux-mêmes constituer un sous-usufruit. Mais alors, la perspective change du tout au tout. Elle conduit à concevoir la part sociale comme un instrument d'appropriation de l'actif social.

C. Les droits sociaux comme instrument d'appropriation de l'actif social

72. À l'exception du droit de propriété, qui constate la relation d'appartenance d'une chose à son propriétaire, les droits de créance et les droits réels peuvent être analysés comme des instruments d'appropriation. Ils permettent tantôt de s'approprier les utilités d'une chose (droits réels autres que la propriété et créances de mise à disposition d'une chose), tantôt une chose, ce qui est le cas des créances monétaires. Il est possible de faire entrer les droits sociaux dans cette dernière catégorie.

73. Les droits sociaux réalisent effectivement une appropriation de l'actif social dont il se trouve simplement qu'elle est conditionnelle. Ce point a été mis en lumière par M. Revet. Celui-ci écrit que « la part sociale est un titre juridique qui confère un droit de propriété conditionnel sur l'actif social appartenant à la personne morale à laquelle des biens ont été apportés en contrepartie de la création des parts. À l'égard de la propriété de l'actif social, le titre d'associé est donc rétrospectif (l'expression du transfert constitutif

---

141 V. *supra* n°s 44 et 45.

142 V. *supra* n° 46 et s.

de l'apport) et prospectif (le transfert à venir de l'actif à liquider) … Il consacre des droits passés et futurs sur l'actif social... en même temps que l'absence de droit présent »[143].

74. Autrement dit, le droit de propriété sur l'actif social, que les droits sociaux permettent d'établir, n'est pas certain, mais dépend de la survenance d'évènements futurs et incertains. Plus précisément, pendant la vie de la société, le versement de dividendes dépend de la réalisation de bénéfices et d'une décision de les distribuer. À son extinction, le versement d'une partie de l'actif dépend de l'existence d'un actif net.

75. Au demeurant, une telle analyse est pleinement compatible avec le droit de propriété actuel dont est titulaire la société sur ses éléments d'actif. En effet, tant que les éléments de l'actif social ne sont pas versés à l'associé, ils demeurent la propriété de la société. Les titres sociaux ne confèrent alors à l'associé qu'une vocation à la propriété de l'actif. En d'autres termes, l'associé est seulement propriétaire en puissance de l'actif social. Cette qualité a des conséquences sur l'usufruit qu'il peut constituer.

76. En effet, en sa qualité de propriétaire en puissance de l'actif social, l'associé peut constituer un usufruit sur cet actif, par le vecteur de sa part sociale. Réciproquement, l'usufruitier exercera par ce même vecteur un usufruit sur l'actif distribuable et restituable. En effet, pendant la vie de la société, l'usufruitier percevra des dividendes si celle-ci réalise des bénéfices et que la décision de les distribuer est prise, puis à son extinction, il recevra la restitution de l'apport et le *boni* de liquidation si ces éléments se retrouvent dans l'actif net.

77. Cette présentation a le mérite de respecter la définition légale de l'usufruit. En effet, l'usufruit des parts sociales a bien pour objet une chose, à savoir l'actif social susceptible de distribution ou de restitution, dont l'associé est propriétaire en puissance. Il reste que cet usufruit est très particulier car il faut garder à l'esprit qu'il est constitué par le truchement d'une part sociale et que son mécanisme est ainsi analogue à celui de l'usufruit d'une créance. Autrement dit,

[143] T. REVET, obs. sous Com. 26 nov. 2006, n° 04-17.486, *RTD civ.* 2007. 149.

il ne s'exerce sur l'actif que de manière médiate, par l'intermédiaire de la part sociale qui en est le vecteur. C'est la raison pour laquelle son régime se coule dans celui qui s'applique à la part sociale.

§ II. Le régime de l'usufruit des droits sociaux

78. Le régime juridique de l'usufruit des droits sociaux, qui n'est que partiellement prévu par la loi, a été précisé par la jurisprudence. La Cour de cassation invite à distinguer le droit de jouissance de l'usufruitier sur l'actif social et son droit de propriété sur les fruits (A). En outre, elle a précisé les prérogatives sociétaires dont l'usufruitier est investi (B).

A. La jouissance de l'actif social et la propriété de ses fruits

79. Dans un arrêt en date du 8 mars 1988, la Cour de cassation a jugé qu'à compter de la dissolution d'une société, l'usufruit ne peut « s'exercer que selon des modes différents »[144]. Elle a ainsi opéré à un découpage temporel entre l'exercice de l'usufruit lorsque la société est active puis après sa dissolution. Pour la clarté de l'exposé, on inversera la chronologie. On envisagera d'abord les droits de l'usufruitier sur l'actif social à la dissolution de la société (1) puis pendant la vie de la société (2).

1. Les droits de l'usufruitier sur l'actif social à la dissolution de la société

80. Comme on vient de le voir, la Cour de cassation a énoncé que l'usufruit s'exerçait « selon des modes différents »[145] à la dissolution de la société. Cette formulation, quelque peu énigmatique, n'a pas manqué d'attirer l'attention de la doctrine. Selon son interprétation, la Haute juridiction aurait entendu dire que le droit de jouissance de l'usufruitier sur les fonds perçus dans le cadre de la liquidation de la

---

[144] Civ. 1ère, 8 mars 1988, n° 86-11.144, pub. *Bull.* : « l'usufruit de M. Siro X... portait sur des parts, puis sur des actions, d'une société qui devait prendre fin le 31 décembre 1985, d'où il suivait qu'à partir de cette date, l'usufruit ne pourrait s'exercer que selon des modes différents ».
[145] Civ. 1ère, 8 mars 1988, *arrêt préc.*

société s'exercerait sous la forme d'un quasi-usufruit[146]. Ce dernier obligerait ainsi l'usufruitier à en restituer l'équivalent à l'extinction de son droit. La nature des fonds perçus à la dissolution de la société plaide effectivement en faveur de cette analyse. En effet, l'usufruitier reçoit alors une partie de l'actif social net, composé d'une somme équivalente à l'apport effectué[147] et de l'éventuel *boni* de liquidation.

81. Or, l'apport effectué constitue la substance première de l'actif social et la raison d'être des droits sociaux, ces derniers ayant été attribués à l'associé en contrepartie de cet apport. C'est pourquoi l'apport restitué ne saurait être définitivement acquis à l'usufruitier. Il a pour vocation d'être rendu à l'associé au moment de l'extinction de l'usufruit. Il en va de même pour le *boni* de liquidation, qui correspond aux bénéfices mis en réserve au profit de la société, sans intention d'être distribués. Autrement dit, dans l'esprit des associés, ces liquidités, qui se retrouvent dans l'actif à la dissolution de la société, en étaient devenues une partie fixe. L'article L. 237-29 du code de commerce les désigne d'ailleurs par l'expression de « capitaux propres »[148]. C'est pourquoi, du point de vue de l'usufruit, ils doivent être traités comme les apports (capital initial)[149]. Si l'on considère que le capital initial est la chose qui fait

[146] V. par ex. F. ZENATI, v° Usufruit des droits sociaux, *Rép. droit des sociétés*, janv. 2003, actualisation février 2015, n° 326 et 327 ; F. DANOS, note sous Civ. 3e 19 sept. 2024, *JCP G* 2024. 1228 : « ces sommes qui proviennent des parts sociales et qui en altèrent ou diminuent la substance (…) reviennent, pour la durée restante de l'usufruit, à l'usufruitier sous forme de quasi-usufruit (rappr. Cass. 1re civ. 8 mars 1988, n° 86-11.144) » ; N. KILGUS, note sous Civ. 3e 19 sept. 2024, n° 22-18.687, pub. Bull, *JCP E* 2024.1337.

[147] Lorsque l'apport a été effectué en nature, le droit de l'usufruitier sur cet apport ne s'exercera pas sous la forme d'un quasi-usufruit mais d'un usufruit. Il n'en reste pas moins que, pour les raisons qui vont être indiquées, l'usufruitier devra restituer la chose à l'extinction de son droit.

[148] Art. L. 237-29 c. com., applicable aux sociétés commerciales : « sauf clause contraire des statuts, le partage des capitaux propres subsistant après remboursement du nominal des actions ou des parts sociales est effectué entre les associés dans les mêmes proportions que leur participation au capital social ». Pour les sociétés civiles, cf. art. 1844-9 al. 1er c. civ. : « Après paiement des dettes et remboursement du capital social, le partage de l'actif est effectué entre les associés dans les mêmes proportions que leur participation aux bénéfices, sauf clause ou convention contraire ».

[149] Civ. 1ère, 8 mars 1988, *arrêt préc.*

l'objet de l'usufruit, le *boni* de liquidation en constitue alors un produit. L'usufruitier a sur ce produit le même droit que sur la chose. Il s'agit d'un simple droit de jouissance, qui implique pour l'usufruitier d'en restituer l'équivalent à l'extinction de son droit. Finalement, la solution retenue par la Cour de cassation s'explique parfaitement si l'on considère que l'usufruit de la part s'exerce sur l'actif social.

2. Les droits de l'usufruitier sur l'actif pendant la vie de la société

82. Pendant la vie de la société, l'usufruitier a vocation à percevoir des dividendes. Si, très tôt, la jurisprudence les a qualifiés de « fruits civils »[150], elle a par la suite amendé cette formulation en jugeant que « les dividendes participent de la nature de fruits »[151]. Puis, plus récemment, elle a jugé que, « dans le cas où la collectivité des associés décide de distribuer un dividende par prélèvement sur les réserves, le droit de jouissance de l'usufruitier de droits sociaux s'exerce, sauf convention contraire entre celui-ci et le nu-propriétaire, sous la forme d'un quasi-usufruit, sur le produit de cette distribution »[152]. Il en résulte que « l'usufruitier se trouve tenu (…) d'une dette de restitution exigible au terme de l'usufruit »[153]. De même, si l'assemblée générale vote la distribution, sous forme de dividendes, du produit de la vente de la totalité des actifs immobiliers d'une société civile immobilière, « le dividende revient, sauf convention contraire entre le nu-propriétaire et l'usufruitier, au premier, le droit de jouissance du second s'exerçant alors sous la forme d'un quasi-usufruit sur la somme ainsi distribuée »[154].

---

[150] Civ. 21 oct. 1931, *S.* 1933. 1, p. 137, note H. BATIFFOL. V. aussi Civ. 7 juill. 1941, *D.* 1941, p. 370.

[151] Com. 5 oct. 1999, n° 97-17.377, pub. *Bull.* ; Com. 26 nov. 2006, n° 04-17.486, pub. *Bull.* ; Com. 10 fév. 2009, n° 07-21.806, pub. *Bull.*

[152] Com. 27 mai 2015, n° 14-16.246, pub. *Bull.* V. aussi Com. 24 mai 2016, n° 15-17.788 (même solution). *Contra* Civ. 1ère, 22 juin 2016, n° 15-19.471, pub. *Bull.* : « si l'usufruitier a droit aux bénéfices distribués, il n'a aucun droit sur les bénéfices qui ont été mis en réserve, lesquels constituent l'accroissement de l'actif social et reviennent en tant que tel au nu-propriétaire ».

[153] Com. 27 mai 2015, n° 14-16.246, pub. *Bull.*

[154] Civ. 3e, 19 sept. 2024, n° 22-18.687, pub. *Bull.*

83. Si l'on synthétise la jurisprudence, le droit de l'usufruitier sur les fonds perçus à titre de dividendes est tantôt un droit de jouissance, tantôt un droit de propriété. D'après la lecture classique, la clé de répartition résiderait dans la distinction qu'opérerait la Cour de cassation entre les fruits et les produits des droits sociaux eux-mêmes. Si cette distinction entre fruits et produits mérite d'être conservée, il convient en revanche de considérer que la source de ces fruits et produits ne réside pas dans la part sociale mais dans l'actif social. Autrement dit, les dividendes ne sont pas les fruits ou produits des droits sociaux (a). Ils sont les fruits ou produits de l'actif social (b).

a. Les dividendes comme fruits ou produits des droits sociaux

84. Selon la doctrine, si la Cour de cassation a jugé, comme on vient de le voir, que le droit de jouissance de l'usufruitier s'exerce sous la forme d'un quasi-usufruit lorsque les dividendes versés proviennent des bénéfices mis en réserve ou du produit de la vente de la totalité des actifs immobiliers d'une SCI, c'est parce qu'elle les aurait qualifiés de produits des parts sociales[155]. Une fois ce constat

---

[155] S'agissant des dividendes provenant de la distribution du produit de la vente de la totalité des actifs d'une SCI, v. par ex. S. LE NORMAND-CAILLIÈRE, note sous Civ. 3e, 19 sept. 2024, n° 22-18.687, pub. Bull., *JCP N* 2025. 1058 : « la troisième chambre civile pose ici une condition à la qualification de produits, celle d'affecter la "substance" des droits sociaux grevés d'usufruit ». V. également A. TADROS, note sous Civ. 3e, 19 sept. 2024, arrêt préc., *RDC* mars 2025, p. 97 : « il est aujourd'hui acquis que les dividendes ne sont pas toujours des fruits et doivent parfois être qualifiés en produits des parts sociales » ; N. KILGUS, note sous Civ. 3e, 19 sept. 2024, arrêt préc., *JCP E* 2024. 1337. S'agissant par ailleurs des dividendes provenant de la distribution de bénéfices mis en réserve, v. par ex. S. LE NORMAND-CAILLIÈRE, *note préc.* : « Issu des réserves de la société, ce prélèvement perd sa nature de fruit pour devenir un produit, destiné au nu-propriétaire ». V. aussi N. KILGUS, *note préc.* : « En présence de dividendes "particuliers", tels ceux prélevés sur les réserves ou, aux termes de l'arrêt commenté, ceux résultant de la vente de tous les actifs de la société, la Cour de cassation confirme retenir la qualification de produits et n'offre à l'usufruitier qu'un droit de jouissance – un quasi-usufruit – sur ces sommes » ; N. JULLIAN, note sous Civ. 3e, 19 sept. 2024, n° 22-18.687, *Revue des sociétés* 2025. 55, n° 9 : « par des arrêts remarqués en 2015 et 2016, la chambre commerciale et la première chambre civile de la Cour de cassation se sont tour à tour intéressées au sort des dividendes issus de réserves en présence d'un usufruit portant sur les droits sociaux. Et, si quelques divergences entre les deux chambres ont pu être relevées,

dressé, les auteurs se contentent d'apprécier la valeur de la qualification retenue. Si M. Kilgus l'approuve[156], M. Mortier en revanche la condamne, au motif que « les dividendes sont toujours des fruits, quelle que soit leur source »[157]. M. Tadros, quant à lui, estime que si les dividendes méritent parfois d'être qualifiés de produits des parts sociales[158], tel n'est pas le cas pour la distribution

elles se sont néanmoins accordées sur le point de qualifier ces sommes de produits ».

[156] S'agissant des dividendes provenant de la vente de la totalité de l'actif social d'une SCI, v. N. KILGUS, *note préc.* : « Dans la présente espèce, la qualification [de produit] retenue apparaît bien moins discutable. Il était question de la cession de la totalité des actifs de la société ! Il est certain que dans le cadre d'une SCI, dont l'activité est indissociable de l'exploitation de biens immobiliers, la vente de tous ses actifs va obérer – durablement et définitivement – son fonctionnement. L'atteinte précitée à la substance (de la société et, par conséquent, des parts sociales) semble inévitable ». L'auteur applique également ce raisonnement à l'hypothèse d'une vente seulement partielle des actifs d'une société : « Le principe, à notre sens, demeurerait pareillement une qualification de produit. Les actifs participent du fonctionnement d'une société et leur cession a, nécessairement, une incidence sur ledit fonctionnement ». Il estime néanmoins que cette « analyse mériterait d'être tempérée dans un certain nombre de situations, car il convient de revenir à ce qui, fondamentalement, permet d'opérer une distinction entre fruits et produits, à savoir l'atteinte à la substance de la société (…). Sans prétendre à l'exhaustivité, il est possible d'imaginer une vente d'un actif de faible valeur, ayant par exemple déjà fait l'objet d'un amortissement, et n'étant guère plus utile à la société. En présence d'une distribution, le dividende correspondant devrait être un fruit ».

[157] R. MORTIER, note sous Civ. 1ère, 22 juin 2016, n° 15-19.471, pub. *Bull.*, *BJS* oct. 2016, p. 570.

[158] V. A. TADROS, note préc., *RDC* mars 2025, p. 98 : « Il existe des hypothèses dans lesquelles on peut douter que les dividendes soient effectivement des fruits. Tel est le cas de l'augmentation de capital par incorporation du bénéfice réalisé. En incorporant le bénéfice distribuable au capital social et en proposant en conséquence l'attribution d'actions aux associés, la société dilue inévitablement la participation au groupement sociétaire représentée par les titres sociaux déjà existants et ce, proportionnellement à la participation au groupement sociétaire représentée par les titres nouveaux. C'est dire que les nouveaux titres sociaux naissent grâce à une diminution de la substance des titres sociaux déjà existants. Ils ne peuvent donc, selon nous, être appréhendés que comme des produits des titres déjà existants ». L'auteur renvoie à F. ZENATI, v° Usufruit des droits sociaux, *art. préc.*, n° 453 : « En décidant de transformer les bénéfices en capital plutôt que de les distribuer, la société a augmenté la valeur des titres comme si elle avait mis en réserve des bénéfices. En retour, la décision d'attribuer les actions achetées appauvrit la société et donc diminue la valeur des titres ; mais l'attribution des titres aux actionnaires non sortants compense cette diminution. On a bien ici

du prix de cession de la totalité de l'actif social[159], tandis que M. Danos considère qu'une telle qualification n'est pas pertinente dans le cas de la distribution des bénéfices mis en réserve[160]... Au total, même si les analyses de ces auteurs sont divergentes, il leur semble à tous évident que la Cour de cassation opère une distinction entre les dividendes qui sont des fruits des parts sociales et ceux qui en sont des produits.

85. On pourrait penser qu'en énonçant que « la distribution, sous forme de dividendes, du produit de la vente de la totalité des actifs immobiliers d'une société civile immobilière affecte la substance des parts sociales »[161], la Haute juridiction a conforté cette analyse. En effet, la substance renvoie classiquement à « la composition

---

les ingrédients qui caractérisent les produits : des biens distincts constitués du démembrement d'un autre bien. Les titres attribués gratuitement sont la fraction de valeur perdue par les titres détenus antérieurement ».

[159] V. A. TADROS, note préc., *RDC* mars 2025, p. 98 : « c'est parce que le dividende versé remplace la part sociale qu'il est soumis au même régime que cette dernière et non parce qu'il est un produit de la part sociale ».

[160] Cf. F. DANOS, note sous Civ. 3e, 19 sept. 2024, n° 22-18.687, *JCP G* 2024. 1228 : « Les parts sociales ou actions sont la représentation juridique ou la "matérialisation" de la créance de restitution de l'apport dont dispose l'associé contre la société. Leur substance se compose du montant nominal de la créance de restitution de l'apport qui est égal à la valeur du bien apporté (et qui correspond à une quotité du capital social). Sous cet angle, tout paiement qui vient diminuer ou réduire le montant de la créance de restitution des apports (*i.e.* le montant nominal des parts sociales et, symétriquement, le montant du capital social), constitue une atteinte à leur substance (par ex. réduction de capital non motivée par des pertes ou amortissement du capital). En revanche, tel ne devrait pas être le cas de la distribution imputée sur les réserves disponibles. En effet, les réserves disponibles ne participent pas de la substance des parts sociales ou actions, laquelle se limite au seul montant nominal de la créance de restitution des apports et au montant correspondant du capital social (…). Les réserves disponibles sont, sauf incorporation au capital, d'une nature différente, n'étant pas soumises au principe d'intangibilité ou de fixité du capital social ». V. également N. JULLIAN, *note préc.*, n° 9 : « si les autres chambres [commerciale et première chambre civile] venaient à retenir à leur tour ce critère [l'atteinte à la substance des parts], les réserves distribuées échapperaient alors à la qualification automatique en produit. Il faudrait au cas par cas envisager les conséquences de la distribution pour déterminer s'il y a ou non atteinte à la substance. Or en présence de dividendes issus de réserves, tel ne devrait être qu'exceptionnellement le cas, ces sommes pourraient donc être qualifiées de fruits et attribuées intégralement à l'usufruitier ».

[161] Civ. 3e, 19 sept. 2024, préc.

physico-chimique d'une chose »[162] et permet de distinguer les produits des fruits de cette chose. Or, en employant l'expression de « substance des droits sociaux », la Cour de cassation n'a-t-elle pas entendu affirmer que ces derniers peuvent, comme les choses, fournir des fruits ou des produits ?

86. Il ne nous le semble pas. Tout d'abord, cette analyse aboutirait à gommer purement et simplement la distinction entre les droits et les choses, qui est pourtant l'une des pierres angulaires de notre système juridique, les droits étant les médiateurs entre les personnes et les choses. Ensuite, la Cour de cassation n'a pas expressément qualifié les dividendes de produits des parts sociales. En réalité, si elle se réfère à la « substance des droits sociaux », c'est parce que la distribution du produit de la vente de la totalité des actifs immobiliers de la SCI « compromet la poursuite de l'objet social et l'accomplissement du but poursuivi par les associés »[163]. En effet, si la totalité de l'actif social est distribuée, les prérogatives pécuniaires et extra-pécuniaires, qui constituent la substance des droits sociaux, en ce sens qu'elles en sont partie intégrante, n'ont plus de matière sur laquelle s'exercer[164]. On comprend dès lors que les fonds perçus à cette occasion soient traités comme ceux versés lors de la dissolution de la société. En tant qu'objet d'un quasi-usufruit, ils devront être restitués à l'extinction de ce dernier. Décider du contraire reviendrait à priver définitivement l'associé nu-propriétaire du produit, non pas des droits sociaux eux-mêmes, mais de l'actif qui est l'objet de l'usufruit.

---

[162] V° Substance, *Vocabulaire juridique de l'association Henri Capitant*, dir. G. CORNU, PUF, 8e éd., 2007.
[163] Civ. 3e, 19 sept. 2024, préc.
[164] *Contra* N. JULLIAN, *note préc.*, n° 12 : « Il est incontestable que distribuer le bénéfice issu de la vente d'un actif immobilisé a une incidence sur la substance du patrimoine social, en réalité, c'est même la vente elle-même qui altère la substance de ce patrimoine. Mais affirmer que cela a une incidence sur la substance des droits sociaux est bien différent. En effet, on ne peut considérer que sortir des fonds du patrimoine social constitue une altération de la substance des titres sauf à confondre substance et valeur ».

b. Les dividendes comme fruits ou produits de l'actif social

87. Comme on l'a vu, la composition de l'actif social n'est pas homogène. Au capital initial constitué des apports, viennent s'agréger divers éléments tout au long de la vie de la société. En particulier, grâce au développement de son activité, la société va pouvoir réaliser des bénéfices. Ces derniers constituent le « résultat excédentaire de l'exploitation de l'actif social »[165]. Ils sont le résultat du déploiement de l'activité de la société. Les bénéfices peuvent être distribués aux associés à l'issue de la clôture d'un exercice. Ils peuvent également être inscrits au compte report à nouveau ou encore mis en réserve.

88. Dans le premier cas, ils sont rapidement détachés de l'actif social. On comprend donc qu'ils « participent de la nature de fruits »[166]. Plus précisément, comme ils ont été obtenus grâce au déploiement d'une activité, ils appartiennent à la catégorie des fruits industriels, ou à celle des « néo-fruits industriels »[167]. L'usufruitier a alors vocation à en devenir propriétaire.

---

[165] T. REVET, obs. sous Com. 28 nov. 2006, n° 04-17.486, *RTD civ.* 2007.149. V. aussi H. REINHARD, note sous Com. 23 oct. 1990, n° 89-13.999, pub. *Bull.*, *D.* 1991. 173 : « le dividende s'insère malaisément dans la distinction fondamentale des fruits et des produits, en grande partie parce qu'il n'est pas uniquement la rémunération du capital investi, mais plutôt la contrepartie d'un ensemble formé par l'activité de l'entreprise, dans laquelle se mêlent étroitement les revenus du travail, les produits du capital et le résultat de l'activité commerciale. Le dividende est d'abord la rémunération de la qualité d'associé ; or l'associé ne peut pas être considéré comme un simple bailleur de fonds, c'est-à-dire comme un simple créancier ; dans ces conditions, le dividende n'est pas seulement la rémunération du capital investi ».

[166] Com. 5 oct. 1999, n° 97-17.377, pub. *Bull.* ; Com. 26 nov. 2006, n° 04-17.486, pub. *Bull.*

[167] V. en ce sens T. REVET, obs. préc., *RTD civ.* 2007.149 : « La modernisation du droit privé passe, notamment, par l'adaptation de ses catégories fondamentales. Le fruit industriel a été conçu dans une société dans laquelle la notion de richesse nouvelle avait été élaborée à partir de la contemplation d'un bien dont la vertu naturelle était d'en produire d'autres, sans s'en trouver diminué ni réduit. Organisation productive, l'entreprise reproduit le schéma de la fructification industrielle, mais dans l'ordre des sources artificielles de richesses : elle est un ensemble de moyens agencés (et non pas donnés) afin de produire des biens, sans diminution ni réduction de leur source, étant précisé que, dans une économie de marché, la commercialisation est incluse dans la production : l'échange des biens et des services constitue le stade ultime de leur création, le but vers lequel elle est

89. Il devrait en aller de même lorsque les dividendes proviennent de bénéfices qui avaient été inscrits au compte report à nouveau. En effet, « le report à nouveau n'a pas vocation à être thésaurisé »[168]. La distribution des bénéfices qu'il renferme est simplement « différée, elle devra être discutée lors de l'exercice suivant »[169].

90. À l'inverse, lorsque les dividendes résultent d'une décision de distribuer des bénéfices qui ont été mis en réserve en vue de renforcer l'activité de la société ou sa solvabilité[170], on comprend que la qualification de fruits leur soit refusée[171]. Leur thésaurisation traduit en effet la volonté des associés de les capitaliser[172]. Ils peuvent en revanche être qualifiés de produits de l'actif, dans la mesure où ils s'ajoutent au capital initialement apporté. En conséquence, du point de vue de l'usufruit, ils doivent être traités comme le capital apporté. Autrement dit, le droit de l'usufruitier doit s'exercer sur ces fonds sous la forme d'un quasi-usufruit, l'usufruitier devant en restituer l'équivalent à l'extinction de son droit.

91. La distinction ainsi établie entre fruits et produits de l'actif social n'a pas d'incidence lorsque l'associé est plein propriétaire. En effet, ce dernier a alors vocation à percevoir et conserver l'intégralité des fonds. En revanche, elle permet d'identifier les droits de l'usufruitier. Si les fonds participant à la nature de fruits lui sont acquis, les autres fonds caractérisent la chose objet de son droit (ou

---

entièrement tendue. Dans ces conditions, ne s'impose-t-il pas de considérer que les sommes obtenues en contrepartie de cet échange participent, substantiellement, de la nature des fruits industriels, puisqu'elles sont le résultat de la mise en œuvre d'un capital productif - des "néo-fruits industriels" - ? » ; N. KILGUS, *thèse préc.*, n° 472 : « Les "néo-fruits industriels" résultent de l'exploitation entrepreneuriale de la structure sociale, de la même manière qu'une récolte se comprend comme la conjugaison de la fécondité de la terre et du labeur du fermier ».

[168] C. BARRILLON, « La nature juridique du report à nouveau », *BJS*, mai 2017, p. 345, n° 15.

[169] C. BARRILLON, *art. préc.*, n° 14.

[170] On songe à leur mise en réserve (imposée ou décidée) en vue de garantir l'actif social.

[171] Pour la distribution, sous forme de dividendes, des bénéfices mis en réserve, cf. Com. 27 mai 2015, préc. ; Com. 24 mai 2016, préc.

[172] Afin d'éviter tout contentieux, il conviendrait d'inviter les associés qui décident de mettre en réserve les bénéfices à en indiquer les raisons dans leur décision.

le produit de cette chose). Ils devront donc être restitués à l'expiration de l'usufruit à l'associé nu-propriétaire. Les droits de l'usufruitier sur l'actif social (plutôt que sur sa part sociale) ayant été précisés, il reste à identifier les prérogatives sociétaires qui doivent lui être attribuées.

B. Les prérogatives sociétaires attribuées à l'usufruitier

92. Les prérogatives pécuniaires et extra-pécuniaires sont partie intégrante des droits sociaux, ces derniers étant attribués à l'associé en contrepartie de son apport. Or, l'usufruitier recueille une partie de ces prérogatives. Dans un premier mouvement, on pourrait penser que le droit d'usufruit confère ainsi à l'usufruitier la qualité d'associé (1). Cette approche doit être écartée. Si l'usufruitier jouit de certaines prérogatives sociétaires, c'est tout simplement afin d'assurer l'effectivité son droit d'usufruit (2).

1. Prérogatives sociétaires et qualité d'associé

93. Lorsqu'un associé constitue un usufruit sur l'actif social dont il est propriétaire en puissance, la loi reconnaît à l'usufruitier le bénéfice d'une partie des prérogatives sociétaires. En particulier, il bénéficie du droit de voter lorsque les décisions concernent l'affectation des bénéfices[173]. Des auteurs ont, pour cette raison, plaidé en faveur de la reconnaissance de sa qualité d'associé. Mme Rabreau a par exemple consacré la seconde partie de sa thèse à cette démonstration. Résumant sa position, elle écrit que « le particularisme des droits sociaux conduit à adjoindre au classique statut réel de l'usufruitier un statut personnel fondé sur la reconnaissance de sa qualité d'associé. En effet, la spécificité essentielle des droits sociaux est d'associer leurs titulaires à une entreprise commune et de leur offrir les moyens de décider de sa gestion. La loi des sociétés a pris acte de cette spécificité en accordant à l'usufruitier le droit de participer aux décisions collectives. Le droit de vote, prérogative essentielle et exclusive de l'associé, permet de reconnaître à l'usufruitier la qualité

---

[173] Cf. pour les sociétés civiles, SNC, SARL… l'art. 1844-3 c. civ. et pour les SAS, l'art. L. 225-110 c. com.

d'associé »[174]. Plus précisément, selon Mme Rabreau, il partage cette qualité avec le nu-propriétaire[175].

94. La jurisprudence a récemment adopté une position inverse en jugeant que « l'usufruitier des parts sociales ne peut se voir reconnaître la qualité d'associé, qui n'appartient qu'au nu-propriétaire »[176]. Cette solution doit être approuvée. En effet, l'associé est le titulaire des droits sociaux, lesquels lui sont attribués en contrepartie de son apport. Ces droits lui donnent vocation à devenir propriétaire d'une partie de l'actif social aussi bien pendant l'existence de la société (distribution des dividendes) qu'à son extinction (versement d'une partie de l'actif net comprenant la restitution de l'apport et le *boni* de liquidation). Il en résulte que la qualité d'associé ne peut pas être retirée au nu-propriétaire, car il perdrait alors la titularité des droits sociaux qui sont la source de sa nue-propriété. Corrélativement, elle ne peut pas être attribuée à l'usufruitier, car elle lui permettrait sinon de devenir propriétaire de l'intégralité des fonds qui lui seraient versés.

95. À partir de là, il faut considérer que si une partie des prérogatives attachées aux droits sociaux sont dévolues à l'usufruitier, c'est uniquement parce que ces derniers constituent le vecteur de son usufruit. Les prérogatives sociétaires qui lui sont dévolues sont alors celles qui lui permettent d'exercer son droit de jouissance.

2. Prérogatives sociétaires et effectivité du droit de jouissance

96. Parmi les prérogatives sociétaires que recueille l'usufruitier, figurent en premier lieu les prérogatives pécuniaires. Cet octroi est logique dans la mesure où lesdites prérogatives lui sont indispensables à la perception des fonds objets de son droit. En outre, l'usufruitier bénéficie d'une partie des prérogatives extra-

---

[174] A. RABREAU, *thèse préc.*, n° 340-3°.

[175] Cf. A. RABREAU, *thèse préc.*, n° 340-4° : « Partageant avec le nu-propriétaire les prérogatives de la propriété des droits sociaux, l'usufruitier partage aussi avec lui la condition d'associé ».

[176] Com., avis, 1er déc. 2021, n° 20-15.164, inédit.

pécuniaires, en particulier d'un droit à l'information[177] et du droit de voter lorsque les décisions sont relatives à l'affectation des bénéfices[178]. Ici encore, il est normal que de telles prérogatives lui soient dévolues[179]. En effet, elles contribuent à l'effectivité de son droit de jouir de la chose comme le propriétaire lui-même[180].

97. On comprend dès lors que la Chambre commerciale de la Cour de cassation ait approuvé des juges du fond qui avaient annulé une clause privant l'usufruitier de son droit de vote au motif qu'elle « subordonnait à la seule volonté des nus-propriétaires le droit d'user de la chose grevée d'usufruit et d'en percevoir les fruits, alors que l'article 578 du Code civil attache à l'usufruit ces prérogatives essentielles »[181]. On comprend également que la troisième Chambre civile de la Cour de cassation lui ait reconnu, au-delà des prérogatives légales dont il dispose, le droit de provoquer une

---

[177] Cf. pour les sociétés par actions, l'art. L. 225-118 c. com. S'agissant des autres sociétés, si aucun texte spécifique ne réglemente le droit à l'information, celui-ci « peut être reconnu aux associés et organisé par les statuts. En vertu du pouvoir qu'a l'usufruitier d'exercer tous les droits appartenant au propriétaire (C. civ., art. 597), l'usufruitier doit pouvoir mettre en œuvre à son profit ce droit d'information » (F. ZENATI, v° Usufruit des droits sociaux, *art. préc.*, n° 227).
[178] Cf. art. 1844 al. 3 c. civ. : « Si une part est grevée d'un usufruit, le nu-propriétaire et l'usufruitier ont le droit de participer aux décisions collectives. Le droit de vote appartient au nu-propriétaire, sauf pour les décisions concernant l'affectation des bénéfices, où il est réservé à l'usufruitier. Toutefois, pour les autres décisions, le nu-propriétaire et l'usufruitier peuvent convenir que le droit de vote sera exercé par l'usufruitier » ; art. L. 225-110 al. 1er c. com. : « Le droit de vote attaché à l'action appartient à l'usufruitier dans les assemblées générales ordinaires et au nu-propriétaire dans les assemblées générales extraordinaires ». L'art. L. 225-110 al. 4 c. com. prévoit que les statuts peuvent déroger à la règle posée à l'alinéa 1er. Quant à l'art. 1844 al. 4 c. civ., il autorise les statuts à déroger à la dernière phrase de l'alinéa 3.
[179] *Contra* R. LIBCHABER, « Pour un renouvellement de l'analyse des droits sociaux », *art. préc.*, n°17 : « Dès lors qu'au sein de la qualité d'associé, l'usufruitier profiterait du seul droit pécuniaire à l'exclusion des droits politiques, on ne voit pas comment la qualité d'associé pourrait lui être conférée. Ces droits politiques n'étant pas concernés par son droit réel, ils devraient lui échapper par principe ».
[180] Rappr. J.-B. TAP, note sous Civ. 3e, 11 juill. 2024, n° 23-10.013, pub. *Bull.*, *Revue des sociétés* 2024, p. 708, n° 15 : « si l'usufruitier n'est pas associé, il mérite que soient préservées les prérogatives qui lui permettent de jouir des titres comme l'associé lui-même ».
[181] Com., 31 mars 2004, n° 03-16.694, pub. *Bull.*

délibération collective susceptible d'avoir une incidence directe sur son droit de jouissance[182] ou, s'il n'a pas pris part au vote, celui de la contester[183].

98. Dans cette dernière espèce, les décisions auxquelles l'usufruitier n'avait pas pris part concernaient une augmentation du capital de la société et une nouvelle répartition des pouvoirs corrélative à cette augmentation. Or de telles décisions ont nécessairement une incidence sur l'objet et l'exercice de son droit de jouissance. Sur son objet d'abord, dans la mesure où « la part des dividendes à laquelle il peut prétendre diminue au gré de la dilution en capital consécutive à l'augmentation du capital »[184]. Sur son exercice ensuite, dans la mesure où le poids que représente le vote de l'usufruitier lors des délibérations visant à décider si les dividendes doivent ou non être distribués s'en trouve lui aussi diminué[185]. La solution retenue est donc pleinement justifiée. En sens inverse, lorsque la décision à prendre n'affecte pas le droit de jouissance de l'usufruitier, il est normal que le droit de vote, ou encore celui de provoquer une délibération, ne lui soit pas attribué[186].

99. En résumé, comme les droits de créance, les droits sociaux sont des instruments d'appropriation. Ils donnent à l'associé la vocation de devenir propriétaire d'une partie de l'actif. En cette qualité de propriétaire en puissance, l'associé peut constituer, par le vecteur de ses droits sociaux, un usufruit sur l'actif social qui pourra lui être distribué ou restitué. L'usufruit ainsi constitué sera, comme

---

[182] Civ. 3e, 16 fév. 2022, n° 20-15.164, pub. *Bull.*

[183] Civ. 3e, 11 juill. 2024, n° 23-10.013, pub. *Bull.* : au visa des art. 578 c. civ., 31 c. proc. civ. et 6§1 de la CESDH, la Cour de cassation juge que « si les statuts peuvent réserver le droit de vote aux associés sur les questions autres que celles relatives à l'affectation des bénéfices (Com., 31 mars 2004, n° 03-16.694, pub. *Bull.*), ils ne peuvent, en revanche, priver l'usufruitier de parts sociales du droit de contester une délibération collective susceptible d'avoir une incidence directe sur son droit de jouissance ».

[184] A. TADROS, note sous Civ. 3e, 11 juill. 2024, n° 23-10.013, *RDC* 2024. 4, p. 65. V. aussi, bien que ne commentant pas la solution de cet arrêt, N. JULLIAN, *note préc.*, n° 12 : « une augmentation de capital par création d'actions nouvelles modifie le pourcentage de droit politique et financier attaché à chaque action et atteint ainsi la substance du droit social ».

[185] A. TADROS, note préc., *RDC* 2024. 4, p. 65

[186] V. en ce sens Civ. 3e, 16 fév. 2022, n° 20-15.164, pub. *Bull.*

le droit de propriété de l'associé, conditionnel. À partir de là, si les fonds versés à l'usufruitier correspondent à la restitution du capital initial ou à un accroissement de l'actif qui aura été capitalisé, l'usufruitier exercera son droit de jouissance sous la forme d'un quasi-usufruit. Il devra restituer l'équivalent des sommes perçues à l'extinction de son droit. En revanche, si les fonds participent de la nature de fruits, ils lui demeureront acquis.

100. Finalement les droits, qu'il s'agisse des droits réels, des droits de créance ou des droits sociaux, ne sont jamais des objets possibles d'usufruit. Dans le cas du droit réel, l'usufruit d'un usufruit porte en réalité sur la chose objet de l'usufruit primaire, tandis que dans le cas des droits de créance et des droits sociaux, l'usufruit s'exerce médiatement sur les fonds devant revenir au créancier ou à l'associé. Autant dire que, contrairement à la présentation doctrinale usuelle, dans ces différentes hypothèses, l'usufruit ne s'exerce que sur des choses. Encore faut-il s'assurer que cette conclusion conserve dans tous les cas sa validité.

CHAPITRE II
LA PÉRENNISATION DE L'USUFRUIT DES CHOSES

101. Il ressort des développements précédents que les droits, en tant qu'instruments d'appropriation des choses, ne sont jamais des objets d'usufruit. Ils peuvent en revanche en constituer des vecteurs. Ainsi, l'usufruit ne pouvant porter sur les droits, son objet se recentre nécessairement sur les choses. En réalité, un tel constat ne saurait surprendre. Il est en effet conforme à la définition que l'art. 578 c. civ. donne de l'usufruit, comme « le droit de jouir de la chose dont un autre a la propriété ». Il reste que la catégorie des choses n'est pas homogène puisque ces dernières peuvent être corporelles ou incorporelles.

102. À l'évidence, en 1804, ce sont les choses corporelles que visaient les auteurs du code lorsqu'ils ont rédigé l'article 578 du code civil. Cependant, la montée en puissance des choses incorporelles, notamment depuis la seconde moitié du XXe siècle, invite à rechercher si l'usufruit peut s'y adapter sans dénaturation de sa définition ou de son régime. Cette recherche n'épuise pas entièrement la question de l'objet de l'usufruit. En effet, le législateur envisage par ailleurs qu'un usufruit peut s'exercer sur la totalité des biens existants au décès d'une personne. Dans une telle hypothèse, les choses qui sont l'objet de l'usufruit sont envisagées *ut universi*, c'est-à-dire comme faisant partie d'un ensemble. Toute la difficulté est alors de savoir si cette configuration particulière a une incidence sur l'objet de l'usufruit, lequel ne serait pas cantonné aux choses, par hypothèse considérées *ut singuli*.

103. Au total, force est de reconnaître que, plus de deux siècles après sa rédaction, l'art. 578 c. civ. conserve une part de mystère. On tentera de le dissiper en étudiant successivement l'usufruit des choses prises *ut singuli* (section I) puis celui des choses prises *ut universi* (section II).

SECTION I. L'USUFRUIT DES CHOSES UT SINGULI

104. S'il est unanimement admis que l'usufruit peut porter sur les choses corporelles, qu'elles soient mobilières ou immobilières, la question se pose donc de savoir s'il peut s'exercer sans altération sur des choses incorporelles. Ces dernières ne sont pas « le produit de l'art juridique mais de la créativité ou de l'industrie de l'homme »[187]. Si l'on excepte les universalités de fait, dont il sera question plus loin, en tant qu'elles constituent des biens *ut universi*, les choses

[187] F. ZENATI-CASTAING et T. REVET, *Les biens*, PUF, 3e éd., n° 53. À propos des biens immatériels, ces auteurs écrivent que, « en dépit des efforts prodigués pour les qualifier de tels, ce ne sont pas des droits mais, comme les choses corporelles, des choses réelles ». V. aussi, J. FRANÇOIS, « Les créances sont-elles des biens ? », *art. préc.*, p. 149 et s., n° 12 : « même incorporelle, la chose est la résultante d'une activité humaine. Elle n'est pas un pur produit du système juridique qui n'aurait aucune existence en dehors de lui. Ainsi, des choses incorporelles telles qu'une œuvre de l'esprit, une découverte scientifique, la réunion d'une clientèle en raison de la mise en œuvre d'un certain nombre de facteurs attractifs, sont des données du système juridique. Leur existence antécédente induit précisément que celui-ci prenne parti sur la possibilité de leur appropriation. En l'absence d'une telle reconnaissance, ces choses n'en continueraient pas moins d'exister en elles-mêmes et par elles-mêmes ». V. également R. LIBCHABER, v° Biens, *art. préc.*, n° 67 : « Les choses incorporelles ne doivent pas être confondues avec les biens incorporels les plus ordinaires, qui sont les droits. La différence est claire : les choses incorporelles sont des choses certes artificielles, mais dont l'existence relève des relations économiques et non d'un quelconque système juridique préétabli ; en revanche, les droits sont des objets créés à l'intérieur même des relations juridiques, par des techniques adéquates. Qu'est-ce qu'un droit ? Un lien juridique constitué entre deux personnes, aux termes duquel l'une –appelée « débiteur » – doit quelque chose à une autre, nommée créancier. Ces droits sont donc des liens obligatoires, en vertu desquels une personne attend d'une autre qu'elle obéisse à ses engagements. Il s'agit là d'objets purement juridiques, qui n'ont aucune contrepartie dans le monde réel, et qui s'évanouissent dès lors que le système juridique défaille. Mais il est manifeste que ces droits sont des biens ». V. encore W. DROSS, *op. cit.*, n° 428 et 428-1 ; L. D'AVOUT, *Sur les solutions de conflits de lois en droit des biens*, préf. H. SYNVET, Economica, 2006, n° 52. V. enfin, à propos des biens intellectuels, Y. STRICKLER, *Droit des biens*, LGDJ, 2017, n° 117 : « « les biens intellectuels sont toujours perceptibles par nos sens (musique, effet technique d'une invention, etc.). Leur réalité en tant que biens est donc certaine. Le bien intellectuel existe indépendamment de la loi, de sorte que l'absence de corporalité n'induit pas par essence la nécessité du droit : ce bien a une forme de consistance qui appelle une appropriation ».

incorporelles renvoient aux « biens intellectuels »[188], comme les œuvres de l'esprit, les marques ou encore les inventions brevetées. L'analyse révèle que ces choses se prêtent sans difficulté à l'exercice d'un usufruit, ce qui n'est pas sans conséquence sur le terrain de la propriété. En effet, si l'usufruit peut avoir pour objet des choses incorporelles (§ I), il faut en déduire qu'elles peuvent également constituer l'assiette de la propriété (§ II).

§ I. L'usufruit des choses incorporelles

105. Il convient d'observer au préalable que si le code civil n'envisage pas expressément que l'usufruit puisse avoir pour objet des choses incorporelles, il en va différemment du code de la propriété intellectuelle, dont l'art. L. 123-6 reconnaît au conjoint survivant « l'usufruit du droit d'exploitation dont l'auteur n'a pas disposé »[189].

106. Ce texte a fait l'objet de deux lectures radicalement opposées. Selon la première, qui se réclame d'une interprétation littérale, l'usufruit aurait pour objet, non les œuvres, en tant que choses incorporelles, mais les droits patrimoniaux de l'auteur, auxquels il conviendrait d'assimiler les droits d'exploitation des inventions brevetées et des marques. Selon la seconde, l'usufruit aurait au contraire pour objet l'œuvre, et par extension, les inventions brevetées, les marques ou tout autre bien intellectuel. La première interprétation repose sur une confusion des prérogatives que confèrent les droits avec les choses qui en sont l'objet. Elle doit par conséquent être rejetée (A) au profit de la seconde (B).

---

[188] L'expression est empruntée à W. DROSS, *op. cit.*, n° 428.

[189] Pour une analyse des conséquences de cet usufruit spécial sur la liquidation de la succession de l'auteur, v. notamment J.-P. MARGUÉNAUD et B. DAUCHEZ, « L'usufruit sur droits d'auteur », *Defrénois*, 2004. 1695 ; B. VAREILLE, « La muse oubliée : l'usufruit légal du conjoint survivant sur les droits patrimoniaux résultant de la propriété littéraire et artistique », *Études offertes au Doyen Philippe Simler*, Dalloz-LexisNexis, 2006, p. 229 et s., spéc. n° 11 et s. ; B. LARONZE, *thèse préc.*, n° 345 et s. ; N. KILGUS, *thèse préc.*, n° 225 et s.

A. Le rejet de l'usufruit des droits d'exploitation de la chose incorporelle

107. Dans sa thèse consacrée à « L'usufruit des droits de propriété intellectuelle », M. Laronze a exclu que les œuvres de l'esprit, les brevets d'invention et les marques puissent être les objets d'un droit de propriété au sens de l'art. 544 c. civ.[190]. Il a dès lors soutenu que seuls pouvaient recevoir la qualification de biens intellectuels les droits patrimoniaux de l'auteur (droit de reproduction, droit de représentation, droit de suite)[191], les droits de fabrication et d'utilisation des inventions brevetées[192], ainsi que les droits de reproduction et d'utilisation des marques[193]. À partir de là, l'auteur considère que seuls ces biens intellectuels, en tant que meubles par détermination de la loi, peuvent être l'objet d'un usufruit, à l'exclusion des œuvres, des inventions brevetées et des marques[194]. Ainsi, l'usufruitier aurait la jouissance des droits patrimoniaux de l'auteur[195] comme celle des droits d'exploitation des inventions brevetées ou des marques. Si d'autres auteurs ont soutenu la même idée[196], M. Laronze est le seul à l'avoir substantiellement développée.

108. Il reste que la thèse ainsi défendue n'est pas tenable. Elle repose sur une confusion entre les prérogatives que confèrent les droits de propriété intellectuelle ou industrielle et leur objet. Lesdites prérogatives correspondent aux droits d'exploitation reconnus aux titulaires des droits de propriété intellectuelle et industrielle. Elles leur permettent d'appréhender les utilités des choses incorporelles,

---

[190] Cf. B. LARONZE, *thèse préc.*, n° 91 et s. Rappr. A., H.-J. LUCAS et A. LUCAS-SCHLOETTER, Traité *de la propriété littéraire et artistique*, LexisNexis, 4e éd., 2012, n° 29.

[191] B. LARONZE, *thèse préc.*, n° 232 et s.

[192] B. LARONZE, *thèse préc.*, n° 269.

[193] B. LARONZE, *thèse préc.*, n° 270.

[194] Cf. pour les droits patrimoniaux de l'auteur, B. LARONZE, *thèse préc.*, n° 241 et s., et pour les droits de propriété industrielle, n° 268 à 271.

[195] L'auteur exclut le droit moral de l'assiette de l'usufruit des droits d'auteur, cf. B. LARONZE, *thèse préc.*, n° 277 et s.

[196] V. N. KILGUS, *thèse préc.*, n° 93. V. aussi M. FABRE, *thèse préc.*, n° 52. Toutefois, quelques numéros plus loin, l'auteur soutient précisément l'inverse puisqu'elle reconnaît que les choses incorporelles, parmi lesquelles l'œuvre et le brevet, peuvent être des objets de propriété (n° 76 et 77).

qui constituent l'objet desdits droits[197]. Elles incarnent les droits d'usage et de jouissance de l'œuvre ou du bien intellectuel.

109. Dans ces conditions, soutenir que l'usufruit a pour objet ces prérogatives confine à la tautologie. Les droits d'exploitation du bien intellectuel n'étant rien d'autre que les prérogatives de jouissance, l'usufruit s'exercerait sur lui-même. Autrement dit, l'*usus* et le *fructus* n'existent pas indépendamment de la chose. Ils ne sont rien d'autre que la manifestation des utilités qu'elle est susceptible de procurer. Autant dire que le seul usufruit envisageable est celui qui a pour objet la chose incorporelle.

B. L'admission de l'usufruit des choses incorporelles

110. Si l'on admet que l'usufruit s'exerce sur l'œuvre, l'invention ou la marque, le régime élaboré par le code civil s'applique sans difficulté. Il en va ainsi pour le droit d'exploitation de l'usufruitier (1) et l'attribution des fonds qui en résultent (2).

1. Le droit d'exploitation de l'usufruitier

111. La jouissance des choses incorporelles que sont les œuvres de l'esprit, les inventions brevetées ou encore les marques implique leur exploitation. Cette dernière se manifeste à travers plusieurs prérogatives : les droits de représentation et de reproduction des œuvres, les droits de fabrication et d'utilisation des inventions brevetées et les droits de reproduction et d'utilisation des marques. Lorsque la jouissance est attribuée à un usufruitier, il convient d'identifier les actes qu'il est autorisé à accomplir (a) ainsi que les instruments de protection de la substance des choses incorporelles soumises à l'usufruit (b).

a. Les actes autorisés

112. Comme on vient de le voir, les droits d'exploitation d'une chose incorporelle sont les manifestations de l'*usus* et du *fructus* qui

[197] V. en ce sens W. DROSS, *op. cit.*, n° 466-1 ; C. SIMLER, *Droit d'auteur et droit commun des biens*, thèse dactyl., Strasbourg, 2008, n° 81 et s.

s'exercent sur elles. C'est pourquoi l'usufruitier doit en bénéficier : il doit pouvoir exploiter la chose incorporelle qui est l'objet de son droit, soit directement, soit de manière indirecte. Dans ce dernier cas, qui seul nous retiendra, l'usufruitier conclura des contrats octroyant à des tiers tout ou partie des droits d'exploitation. Ces contrats se rangeront dans la catégorie des licences (α) ou dans celle des cessions (β).

α. *Les licences*

113. La possibilité de conclure un contrat de licence est expressément prévue pour les inventions brevetées et les marques[198]. En revanche, le Code de la propriété intellectuelle ne l'envisage pas s'agissant des œuvres. Les concernant, il n'emploie que le terme « cession »[199]. Toutefois, la doctrine considère que l'œuvre peut aussi être l'objet d'un contrat de licence[200].

114. La conclusion d'un tel contrat fait naître au profit du tiers un droit personnel de jouissance. Le contrat de licence ne porte donc pas atteinte au droit du nu-propriétaire. L'usufruitier doit être autorisé à le conclure[201]. Toutefois, Mme Simler suggère d'encadrer

---

[198] Cf. art. L. 613-8 CPI pour les brevets et art. L. 714-1 CPI pour les marques

[199] V. par ex. art. L. 131-3 al. 1er CPI : « La transmission des droits de l'auteur est subordonnée à la condition que chacun des droits cédés fasse l'objet d'une mention distincte dans l'acte de cession et que le domaine d'exploitation des droits cédés soit délimité quant à son étendue et à sa destination, quant au lieu et quant à la durée ».

[200] V. par ex. P.-Y. GAUTIER et N. BLANC, *Droit de la propriété littéraire et artistique*, LGDJ, 2e éd., 2023, n° 712 (à propos du contrat de représentation) ; M. VIVANT, J.-M. BRUGUIÈRE, *Droit d'auteur et droits voisins*, Dalloz, 5e éd. 2024, n° 734 ; C. CARON, *Droit d'auteur et droits voisins*, LexisNexis, 5e éd., 2017, n° 300 ; N. BINCTIN, *Droit de la propriété intellectuelle. Droit d'auteur, brevet, droits voisins, marque, dessins et modèles*, LGDJ, 8e éd., 2024, n° 1246 et s. ; H. DESBOIS, *Le droit d'auteur en France*, Dalloz, 3e éd., 1978, n° 491 ; P. KAMINA, *L'utilisation finale en propriété intellectuelle*, thèse, Poitiers, 1996, n° 537 ; C. SIMLER, *thèse préc.*, n° 476 ; N. BLANC, *Les contrats du droit d'auteur à l'épreuve de la distinction des contrats nommés et innommés*, préf. P.-Y. GAUTIER, Dalloz, 2010, n° 304 et s. ; G. DECOCQ, C. GRIMALDI, J. HUET, H. LÉCUYER, *Les principaux contrats spéciaux*, LGDJ, 3e éd., 2012, n° 11113 ; J. RAYNARD et J.-B. SEUBE, *Contrats spéciaux*, Litec, 11e éd., 2024, n° 294.

[201] C. CARON, « Brèves observations sur l'usufruit en droit de la propriété intellectuelle », *Droit et patrimoine* 2005, n° 137 : « D'emblée, il faut souligner

son opposabilité au nu-propriétaire en fonction de sa durée, en raisonnant par analogie avec la règle posée par l'art. 595 al. 2 c. civ. s'agissant des baux conclus par l'usufruitier[202]. En vertu de ce texte, « Les baux que l'usufruitier seul a faits pour un temps qui excède neuf ans ne sont, en cas de cessation de l'usufruit, obligatoires à l'égard du nu-propriétaire que pour le temps qui reste à courir, soit de la première période de neuf ans, si les parties s'y trouvent encore, soit de la seconde, et ainsi de suite de manière que le preneur n'ait que le droit d'achever la jouissance de la période de neuf ans où il se trouve ». Une telle solution serait opportune en pratique et s'inscrirait pleinement dans la *ratio legis* de l'article précité. Quoi qu'il en soit, la conclusion d'un contrat de licence par l'usufruitier ne suscite aucune objection sur le principe. Qu'en est-il des cessions ?

β. *Les cessions*

115. À l'inverse d'un contrat de licence, la conclusion d'un contrat de cession fait sortir l'œuvre du patrimoine du cédant. M. Caron écrit pour cette raison que « la cession peut s'apparenter à un acte de disposition que l'usufruitier ne devrait pas pouvoir réaliser puisqu'il ne dispose pas de l'*abusus* »[203]. La clause par

---

qu'il peut conclure un contrat de licence, lequel n'entraîne pas un transfert du droit de propriété ».

[202] C. SIMLER, *thèse préc.*, n° 476. V. aussi B. LARONZE, *thèse préc.*, n° 527 et s. L'auteur propose également de s'inspirer de la règle posée par l'art. 595 al. 2 c. civ. mais renvoie à une intervention du législateur concernant la durée qu'il conviendrait de fixer.

[203] C. CARON, *art. préc.* V. aussi C. SIMLER, *thèse préc.*, n° 477 : « L'usufruitier, dans la jouissance qu'il a de la chose, a l'obligation d'en conserver la substance. Un acte translatif de propriété ou de droits réels porte en principe atteinte à la substance. Aussi un tel acte doit-il échapper au pouvoir de l'usufruitier » ; P.-Y. GAUTIER et N. BLANC, *Droit de la propriété littéraire et artistique*, LGDJ, 2e éd., 2023, n° 457 : « Cependant, il est formellement interdit à l'usufruit des droits d'auteur d'altérer la substance de l'œuvre par de véritables actes de disposition, par exemple, en consentant de trop fréquentes autorisations de reproduction ou de représentation, en ne s'assurant pas suffisamment des compétences et qualités des usagers, ou à l'inverse, en en donnant trop peu ». V. enfin N. BINCTIN, *Droit de la propriété intellectuelle. Droit d'auteur, brevet, droits voisins, marque, dessins et modèles*, LGDJ, 8e éd., 2024, n° 205 : « Grâce à cet usufruit spécial, le conjoint survivant percevra l'ensemble des revenus

laquelle l'usufruitier céderait les droits d'exploitation pour toute leur durée serait donc « *contra legem* »[204]. Toutefois, M Caron relève qu'« il serait irréaliste de dénier à l'usufruitier la possibilité de céder ses droits. L'usufruit n'aurait alors que bien peu d'intérêt. En effet, les œuvres sont des biens meubles qui s'exploitent usuellement par des cessions »[205]. C'est pourquoi il estime finalement que l'usufruitier devrait pouvoir conclure une cession de tout ou partie des droits d'exploitation, y compris « pour une longue durée »[206]. D'autres auteurs partagent cette position[207], moyennant certaines nuances. Ainsi, M. Laronze introduit une réserve tenant au caractère non-exclusif de la cession conclue[208]. En sens inverse, Mme Simler reconnaît la possibilité d'une cession définitive en cas de rémunération proportionnelle[209].

---

générés par l'exploitation de l'œuvre, et pourra conclure de nouveaux contrats d'exploitation de ces œuvres, si ces actes demeurent des actes d'administration ».

204 C. CARON, *art. préc.*

205 C. CARON, *art. préc.*

206 C. CARON, *art. préc.* V. dans le même sens C. SIMLER, *thèse préc.*, n° 477 : « L'usufruitier, dans la jouissance qu'il a de la chose, a l'obligation d'en conserver la substance. Un acte translatif de propriété ou de droits réels porte en principe atteinte à la substance de la chose. Aussi un tel acte doit-il échapper au pouvoir de l'usufruitier. Lorsque la cession est consentie pour une durée limitée cette atteinte est toutefois temporaire. À terme, les droits cédés sur l'œuvre réintègrent le patrimoine de l'usufruitier et du nu-propriétaire. Une telle cession provisoire, parce qu'elle ne porte pas définitivement atteinte à la substance de l'œuvre, devrait relever des pouvoirs de l'usufruitier ».

207 V. par ex. M. VIVANT, J.-M. BRUGUIÈRE, *op. cit.*, n° 1046. V. aussi, par ex. P.-Y. GAUTIER et N. BLANC, *Droit de la propriété littéraire et artistique*, LGDJ, 2e éd., 2023, n° 457 et n° 457, note 99 : « céder un droit (par ex. d'adaptation), fût-ce une fois pour toute (on ne le transfère pas deux fois), n'est pas nécessairement une diminution de la chose : au contraire, c'est faire fructifier l'œuvre (exploitation, redevances, notoriété), alors que c'est l'immobilisme et la non-exploitation qui seraient plutôt contraires à sa conservation ».

208 B. LARONZE, *thèse préc.*, n° 528.

209 C. SIMLER, *thèse préc.*, n° 477 : « Il peut en être de même, à notre avis, d'une cession même définitive de certains droits sur l'œuvre lorsque sa conclusion donne lieu à perception d'une rémunération proportionnelle. Il y a objectivement atteinte à la substance de la chose puisque la propriété de l'œuvre est amputée de certaines prérogatives. Toutefois cette atteinte est raisonnée. Elle résulte d'une exploitation conforme à la destination du bien et est compensée par un droit aux redevances (…). À l'extinction de l'usufruit, le nu-propriétaire a vocation à profiter de la rémunération proportionnelle consentie en contrepartie de cette cession (…). La nature de son droit est modifiée mais sa valeur est intacte, si ce n'est augmentée ».

116. Si l'on comprend l'intérêt, d'ordre économique, des solutions ainsi proposées, il est pourtant difficile d'y adhérer. En effet, l'usufruitier n'est pas titulaire du droit de propriété intellectuelle ou industrielle. Partant, comment pourrait-il avoir le droit de le céder, fût-ce temporairement ou de manière non exclusive ? Heureusement, il est possible de préserver l'utilité économique de l'usufruit en proposant deux solutions alternatives.

117. D'une part, comme on le sait, l'article 595 alinéa 1er c. civ. reconnaît à l'usufruitier la faculté de céder son droit d'usufruit. À partir de là, l'usufruitier d'une chose incorporelle devrait avoir le droit de céder son droit de jouissance, c'est-à-dire, selon les cas, les droits de représentation et de reproduction de l'œuvre, les droits de fabrication et d'utilisation de l'invention brevetée ou les droits de reproduction et d'utilisation de la marque. Une telle cession demeurerait toutefois soumise à l'adage *nemo plus juris*, le droit de jouissance du cessionnaire s'éteignant au plus tard à l'extinction de l'usufruit cédé[210].

118. D'autre part, si la cession qu'il consent n'est pas exclusive, l'usufruitier demeure titulaire de son droit de jouissance. L'opération fait alors naître une cotitularité du droit d'usufruit. Cet acte, qui est moins grave qu'une cession pure et simple du droit d'usufruit, devrait *a fortiori* être permis. Encore une fois, en application de l'adage *nemo plus juris*, le droit du cotitulaire s'éteindrait au plus tard à l'extinction de celui de l'usufruitier originaire[211].

119. Ainsi, l'interdiction de céder l'œuvre ne fait pas entièrement obstacle à la conclusion d'un contrat de cession par l'usufruitier.

---

[210] V. toutefois Civ. 1ère, 6 juill. 2000, n° 98-12.825, inédit, dans lequel la Haute juridiction a jugé, à propos de la cession exclusive, par l'usufruitière, de « l'utilisation des personnages des Aventures d'Astérix dans les œuvres à créer », que, « à supposer même que les contrats litigieux aient constitué de simples actes d'administration, les propriétaires ou usufruitiers successifs devaient subir les effets desdits actes passés par leur prédécesseur ».

[211] L'usufruitier et le nu-propriétaire pourraient aussi décider d'un commun accord de céder, exclusivement ou non, leurs droits respectifs. Dans cette hypothèse, le cessionnaire n'aurait plus à craindre l'extinction de son droit à l'expiration de l'usufruit.

b. La protection de la substance de la chose

120. La protection de la substance de la chose incorporelle peut être mise en œuvre aussi bien par le nu-propriétaire, qui peut attaquer les actes d'exploitation accomplis par l'usufruitier (α), que par l'usufruitier lui-même, lorsque l'atteinte à la substance de la chose est caractérisée par des actes de contrefaçon (β).

α. *La chose protégée contre les agissements de l'usufruitier*

121. L'article 618 du code civil prévoit que « l'usufruit peut aussi cesser par l'abus que l'usufruitier fait de sa jouissance, soit en commettant des dégradations sur le fonds, soit en le laissant dépérir faute d'entretien ». Si le législateur de 1804 n'avait envisagé que l'hypothèse de l'abus de jouissance des choses corporelles, rien ne s'oppose, de toute évidence, à ce que ce texte soit appliqué à l'usufruit des choses incorporelles.

122. Ainsi, le nu-propriétaire devrait pouvoir « obtenir la cessation de l'usufruit (...) si les autorisations d'exploitation consenties par l'usufruitier avaient pour conséquence d'altérer la substance de l'œuvre en la banalisant excessivement auprès du public »[212]. De même, « les refus répétés d'un usufruitier de conclure un contrat d'exploitation ou au contraire les autorisations systématiquement données à des exploitations de mauvaise qualité, parce qu'ils entraînent une baisse de la renommée de l'œuvre, pourraient être sanctionnés sur le fondement de l'abus »[213]. Ainsi encore, le nu-propriétaire devrait pouvoir obtenir la cessation de l'usufruit d'une marque en cas de non-usage injustifié par l'usufruitier. Finalement, l'art. 618 c. civ., même s'il est étroitement rédigé, témoigne d'une grande plasticité.

β. *La protection de la chose par l'usufruitier*

123. L'atteinte portée à la substance de la chose incorporelle n'est pas nécessairement le fait de l'usufruitier. Elle peut aussi être causée par un tiers coupable d'actes de contrefaçon. Dans cette hypothèse,

---

[212] C. CARON, *art préc.*
[213] C. SIMLER, *thèse préc.*, n° 482.

la question se pose de savoir si l'usufruitier a qualité pour agir en justice afin d'obtenir la cessation des actes litigieux. Une réponse affirmative s'impose. En effet, l'usufruitier dispose d'une action confessoire afin de protéger son droit[214]. Les actes de contrefaçon portant à l'évidence atteinte au droit de jouir de la chose incorporelle, il convient de reconnaître à l'usufruitier l'exercice de l'action en contrefaçon, au titre de son action confessoire[215].

124. À ce stade de l'analyse, on constate que le régime de l'usufruit s'adapte sans difficulté à l'incorporalité des biens intellectuels. Il reste à le confirmer en examinant la question de l'attribution des fonds liés à leur exploitation.

2. L'attribution des fonds liés à l'exploitation

125. Rappelons qu'en vertu de l'art. 582 c. civ., « l'usufruitier a le droit de jouir de toute espèce de fruits, soit naturels, soit industriels, soit civils, que peut produire l'objet dont il a l'usufruit ». Lorsque l'usufruitier exploite directement la chose incorporelle, les revenus qu'il perçoit constituent de toute évidence des fruits de la

---

[214] V. sur ce point W. DROSS, *op. cit.*, n° 93-1 :

[215] V. en ce sens C. SIMLER, *thèse préc.*, n° 486. V. aussi C. CARON, *art. préc.* : « une création immatérielle objet d'un usufruit doit être défendue contre les agressions. C'est pourquoi il convient d'admettre que l'usufruitier dispose d'une action en contrefaçon ». *Contra* B. LARONZE, *thèse préc.*, n° 665 et s. L'auteur estime que l'action en contrefaçon n'appartient qu'au titulaire du droit de propriété intellectuelle ou industrielle. Il ajoute (n° 675) que l'art. 614 c. civ., qui prévoit que « si, pendant la durée de l'usufruit, un tiers commet quelque usurpation sur le fonds, ou attente autrement aux droits du propriétaire, l'usufruitier est tenu de le dénoncer à celui-ci », limiterait la marge de manœuvre de l'usufruitier : celui-ci serait tenu de dénoncer les actes de contrefaçon au nu-propriétaire, qui aurait seul qualité pour agir. En réalité, l'ouverture de l'action à l'usufruitier n'est pas incompatible avec la règle posée par l'art. 614 c. civ. En effet, si ce texte oblige l'usufruitier à avertir le nu-propriétaire de l'atteinte portée à la chose, il ne lui interdit pas d'agir en justice pour obtenir la cessation du trouble. D'ailleurs, « la doctrine estime généralement que la décision qui consacre les droits de l'usufruitier profite au nu-propriétaire » (W. DROSS, *op. cit.*, n° 93). Sur le plan procédural, si l'usufruitier exerçait l'action en contrefaçon avant le nu-propriétaire, il pourrait mettre en cause le nu-propriétaire afin de lui rendre commun le jugement (art. 331 CPC). Ce dernier, dûment informé par l'usufruitier des actes de contrefaçon, pourrait également intervenir volontairement à l'instance (art. 328 CPC).

chose. Ils lui sont par conséquent acquis. Il en va de même lorsqu'il l'exploite par l'intermédiaire d'un tiers en concluant un contrat de licence, car les redevances qu'il perçoit s'apparentent à des loyers qui, comme on le sait, ont la nature de fruits[216].

126. Mais qu'en est-il du prix que l'usufruitier peut obtenir en contrepartie d'une cession des droits d'exploitation ? Les auteurs qui admettent qu'une telle cession est possible[217] considèrent que le prix perçu en contrepartie constitue en principe un capital, dont l'usufruitier devrait pouvoir jouir pendant la durée de son droit, à charge d'en restituer l'équivalent à son extinction[218]. Autrement dit, il exercerait sur ces fonds un quasi-usufruit. Toutefois, lorsque le cédant perçoit une rémunération proportionnelle, quelques auteurs

---

[216] V. en ce sens, C. SIMLER, *thèse préc.*, n° 473 : « Une rémunération proportionnelle versée en contrepartie d'un acte non translatif – qui n'altère pas la substance de la chose – est un fruit par nature » et n° 471 : « Une rémunération forfaitaire contrepartie d'un contrat non translatif est, par nature, un fruit ». V. aussi, C. CARON, *art. préc.* : « les redevances, issues de l'exploitation d'une œuvre ou d'une invention, sont des fruits civils. La notion de produit n'a pas de sens ici : en effet, l'exploitation d'une œuvre ne diminue pas la substance de cette dernière. Exploiter une œuvre ne s'apparente pas à l'extraction de matériaux d'une carrière ».

[217] V. *supra* n° 115 et s.

[218] Cf. C. SIMLER, *thèse préc.*, n° 474 : Lorsque le cédant perçoit une rémunération forfaitaire, la conclusion du contrat de cession « altère la substance de l'œuvre puisqu'elle entraîne le transfert d'un droit. Une telle rémunération est un capital. L'usufruitier ne [devrait] disposer sur cette somme que d'un quasi-usufruit ». L'auteur réserve toutefois l'hypothèse d'une cession pour une durée limitée. En effet, dans ce cas, « le transfert et l'altération qui en résultent sont-ils provisoires. Si la durée de la cession est effectivement inférieure à la durée du monopole de protection, c'est à une propriété entière et non altérée de l'œuvre que le nu-propriétaire peut à terme prétendre. Parce que cette altération (par ailleurs conforme à la destination de l'œuvre qui est d'être exploitée) n'est pas définitive, nous pensons que cette rémunération forfaitaire peut être traitée comme un fruit ». V. aussi C. CARON, *art. préc.*, qui réserve cependant le cas où le monopole expire avant la durée de l'usufruit.

proposent de la qualifier de fruit[219]. Partant, les échéances versées pendant l'usufruit seraient conservées par l'usufruitier[220].

127. En réalité, il nous semble que le prix de cession obtenu par l'usufruitier n'est ni un fruit ni une somme sur laquelle il exercerait un quasi-usufruit. Il convient en effet de reprendre la distinction que nous avons proposée entre la cession exclusive des droits d'exploitation, constitutive d'une cession du droit d'usufruit, et leur cession non exclusive, par laquelle l'usufruitier accorde à un tiers la cotitularité de son droit. Dans les deux cas, la rémunération que perçoit l'usufruitier correspond à la valeur d'échange du droit cédé ou constitué, ce dont il résulte qu'elle devrait intégrer son patrimoine de manière définitive. Autrement dit, de même que l'usufruitier n'a pas à restituer son droit à l'expiration de celui-ci, il n'a pas à restituer la valeur d'échange qu'il a obtenue en contrepartie de la cession ou

---

[219] Cf. C. SIMLER, *thèse préc.*, n° 473 : « Toutefois, parce que cette exploitation est conforme à la destination de l'œuvre – qui est d'être reproduite et représentée à un public – et parce que la rémunération proportionnelle qui en découle à vocation à être versée périodiquement, cette dernière doit être traitée comme un fruit ». V. aussi P.-Y GAUTIER, « La propriété littéraire et artistique et le droit patrimonial de la famille (Rapport de synthèse) », *Defrénois* 2001, n° 37413, p. 1174 : « C'est vrai qu'il est assez subtil de distinguer la cession à forfait de la rémunération proportionnelle. Cependant, la cession à forfait est, en théorie du moins, l'aliénation pure et simple de l'œuvre, ce que n'est pas le système de la rémunération proportionnelle, qui permet d'avoir à la fois un contrôle sur l'exploitation et une perception permanente des fruits ». Comp. B. LARONZE, *thèse préc.*, n° 617 et s. L'auteur, en s'appuyant sur les travaux de M. Dockès (E. DOCKÈS, « Essai sur la notion d'usufruit », *RTD civ.* 1995. 479 et s., spéc. n° 10), a proposé définir les fruits par référence à la destination du bien. Plus précisément, « dès lors que la jouissance du bien se fait conformément à sa destination, et quand bien même le capital en ressortirait altéré, les richesses ainsi retirées seraient assimilables à des fruits » (*thèse préc.*, n° 617). Or, après avoir relevé que les droits de propriété intellectuelle « ont pour finalité d'être exploités » et que leur exploitation « passe, quasi-nécessairement, par leur cession », M. Laronze a soutenu que « l'usufruitier qui conclut des contrats d'exploitation ne fait qu'user des droits conformément à leur destination. Le fait qu'une cession altère le caractère exclusif du droit n'est donc pas un argument suffisant pour refuser à la somme perçue en contrepartie la qualification de fruit » (*thèse préc.*, n° 619). Il en résulte que, selon lui, les redevances perçues en contrepartie d'une cession non exclusive des droits d'exploitation doivent être intégralement acquises à l'usufruitier.

[220] V. en ce sens C. SIMLER, *thèse préc.*, n° 473.

de l'octroi de la cotitularité de ce droit. La figure du quasi-usufruit, moins favorable à l'usufruitier, devrait ainsi être éliminée.

128. Indépendamment de cette discussion, l'étude de l'attribution des fonds liés à l'exploitation des biens intellectuels confirme que l'usufruit, tel qu'il est prévu par le code civil, s'y adapte sans avoir à subir d'altérations. Corrélativement, il en va de même pour le droit de propriété.

§ II. La propriété des choses incorporelles

129. On sait que l'article 578 c. civ. définit l'usufruit comme « le droit de jouir de la chose dont un autre a la propriété ». Au moment où ce texte a été rédigé, la conception classique de la propriété régnait sans partage sur le droit des biens. Selon cette dernière, la propriété et les droits réels qui en découlaient ne pouvaient avoir pour objet que des choses corporelles. Cette conception, à laquelle des auteurs contemporains restent attachés, implique alors que l'usufruit des choses incorporelles n'est pas un véritable usufruit[221]. En réalité, une telle contorsion n'est aucunement nécessaire. La conception classique de la propriété présente un caractère axiomatique (A) et l'assiette de la propriété peut parfaitement être élargie aux choses incorporelles (B).

A. Le caractère axiomatique de la conception classique de la propriété

130. Les plus célèbres représentants de la doctrine classique ont affirmé que la propriété ne pouvait avoir qu'un objet corporel. Aubry et Rau écrivaient ainsi que, « dans l'acception véritable du mot, la propriété ne se comprend que pour les choses corporelles »[222]. Dans la même veine, Demolombe enseignait que, « dans son acception spéciale et technique, le mot propriété ne s'applique qu'au droit de la personne sur les objets corporels, meubles ou immeubles qui lui

---

[221] V. en ce sens C. LARROUMET et B. MALLET-BRICOUD, *op. cit.*, n° 469.
[222] AUBRY et RAU, *Cours de droit civil français d'après la méthode de Zachariae*, t. 2, Cosse, Marchal et Cie, 14e éd. 1869, § 190, p. 171.

appartiennent »[223]. Cette conception classique de la propriété puise sa source dans l'interprétation que les romanistes faisaient du droit romain (1). Si cette interprétation s'est longtemps imposée, elle a fini par être remise en cause (2).

1. L'interprétation du droit romain par les romanistes

131. L'idée selon laquelle la propriété ne pouvait avoir pour objet que des choses corporelles reposait sur une interprétation de la classification des choses opérée par Gaïus dans ses *Institutes*, reprise par Justinien et le Digeste[224].

132. Selon Gaïus, les choses se divisaient en choses corporelles (*res corporales*) et incorporelles (*res incorporales*). Il faisait figurer dans la première catégorie les « choses qui peuvent être touchées, telles qu'un fonds (...), un vêtement », et rangeait dans la seconde les droits (*jura*), « comme l'hérédité, l'usufruit, les obligations »[225], sans toutefois y intégrer la propriété.

133. Les romanistes cherchèrent à expliquer cette absence. Ils échafaudèrent alors la thèse de l'incorporation de la propriété dans son objet[226]. Synthétisant leur raisonnement, M. Dross explique que,

---

223 DEMOLOMBE, *Cours de code Napoléon*, t. 9, *Traité de la distinction des biens*, t. 1, Durand, 2e éd., 1861, n° 540, p. 490.
224 Cf. W. DROSS, *op. cit.*, n° 427-1.
225 GAÏUS, *Inst.* II, 14 : « certaines choses sont corporelles, certaines, incorporelles. Sont corporelles, les choses qui peuvent être touchées, telles qu'un fonds, un esclave, un vêtement et enfin d'innombrables choses. Sont incorporelles celles qui ne peuvent être touchées : telles sont celles qui consistent en un droit, comme l'hérédité, l'usufruit, les obligations, quelle que soit la manière dont elles ont été contractées. Et peu importe que l'hérédité renferme des choses corporelles et que les fruits qui proviennent d'un fonds soient corporels, et que soit également corporel, en règle générale, ce qui nous est dû en vertu d'une obligation, car le droit de succession lui-même, le droit d'user et de jouir lui-même et le droit de créance lui-même sont incorporels. Il en est de même des servitudes prédiales urbaines et rustiques », traduction proposée par R. MONIER, *Cours Droit romain approfondi, Du mancipium au dominium, Essai sur l'apparition, et le développement de la notion de propriété en Droit romain*, Cours de droit, 1946, p. 24-25.
226 Pour un exemple caractéristique v. A. LAHOVARY, *Du dominium ou droit de propriété en droit romain. Du régime de la propriété foncière au point de vue des droits réels qui peuvent être détachés dans l'ancien droit français et dans le droit*

selon eux, « le droit de propriété était si puissant à Rome qu'il se confondait avec son objet même : donnant droit à toutes les utilités de la chose, il n'était finalement pas différent de la chose elle-même. Cette théorie de l'incorporation du droit dans son objet permettait donc de tenir que la classification romaine opposait le droit de propriété d'une part (*res corporales*) et les autres droits (*res incorporales*) »[227]. À l'évidence, « le prix à payer pour cette analyse était considérable : le droit de propriété se confondant avec les choses corporelles, il ne pouvait plus alors porter que sur celles-ci. Le droit des biens se coupait de l'incorporel »[228]. Il reste que cette interprétation du droit romain, à laquelle les auteurs du XIXe siècle ont adhéré[229], a par la suite été critiquée.

2. La remise en cause de l'interprétation

134. L'idée selon laquelle les Romains auraient incorporé la propriété dans la chose matérielle qui en est l'objet a été attaquée dès le début du XXe siècle. C'est ainsi que Rigaud, dans sa thèse publiée en 1912 et consacrée à la notion de droit réel, a exhumé quelques textes de droit romain dans lesquels les choses corporelles étaient séparées de la propriété[230]. Cette découverte lui a permis d'affirmer qu'il n'était « pas prouvé que les Romains aient confondu le droit de propriété avec les choses corporelles, au point de vue de la

---

actuel, thèse, Paris, éd. E. Thunot et Cie, 1865, p. 2-3 : « La propriété n'est, après tout, que la liberté de l'homme exercée sur les objets extérieurs. Quand une personne a sur un objet tous les droits que nous venons de mentionner [*uti, frui, abuti*], son pouvoir sur cet objet est bien complet, et l'on ne peut se figurer rien de plus absolu. Il n'y a donc pas ici de droit rival qui vienne limiter et spécialiser le droit de l'homme sur la chose. Dès lors on peut dire avec raison que la chose elle-même appartient entièrement à son *dominus*, à son propriétaire : *haec res mea est* ; car l'effet d'un pouvoir si complet est naturellement que le droit et l'objet viennent à se confondre, du moins au point de vue de la pratique. Ceci nous explique pourquoi les romains, dans l'énumération qu'ils font des droits réels, *jura in re*, ne mentionnent cependant pas le *dominium*, qui est le premier et le plus important de ces droits. Ils le mettent dans une classe à part en opposition à tous les autres droits que nous avons sur les choses : *Quaedam praeterea corporales res sunt, quaedam incorporales*, nous dit Gaïus ».

[227] W. DROSS, *op. cit.*, n° 427.

[228] W. DROSS, *op. cit.*, n° 427.

[229] V. sur ce point F. ZENATI, *thèse préc.*, n° 254.

[230] L. RIGAUD, *Le droit réel. Histoire et théories. Son origine institutionnelle*, thèse Toulouse, 1912, p. 48.

classification des droits »[231]. Puis, étudiant le célèbre passage dans lequel Gaïus distingue les *res corporales* des *res incorporales*, il a observé que « Gaïus ne di[sait] pas du tout que les *res incorporales* [étaient] seulement les *jura* et que seules les *res corporales* [pouvaient] être objets de droits ; il se born[ait] à citer les droits en général comme des exemples (*qualia*) de choses incorporelles »[232]. À partir de là, Rigaud a soutenu que rien n'interdisait d'élargir la catégorie des choses incorporelles à « l'œuvre scientifique, littéraire, artistique, l'invention, le nom, etc. »[233].

135. Dans sa célèbre thèse, M. Zenati a également souligné que « si l'on peut voir dans la littérature juridique romaine du Moyen Âge, notamment chez Bartole, des définitions de la propriété caractérisant celle-ci par son objet corporel, aucun texte romain n'apporte une telle indication »[234]. Il a relevé que « le seul texte que l'on invoque est D. 39, 2, 13, 1 qui oppose *dominus corporis* à *is jus habet* »[235] et s'est demandé si « le fait de prendre la peine de préciser "propriétaire d'une chose corporelle" n'implique (...) pas au contraire que l'on peut être propriétaire d'une chose incorporelle »[236]. En outre, en s'appuyant notamment sur les travaux de Michel Villey[237], M. Zenati s'est attaché à montrer que les Romains ne connaissaient sans doute pas le droit de propriété au sens de droit subjectif[238], mettant ainsi en lumière le caractère

---

[231] L. RIGAUD, *thèse préc.*, p. 49.
[232] L. RIGAUD, *thèse préc.*, p. 50.
[233] L. RIGAUD, *thèse préc.*, p. 50. Aubry et Rau concédaient eux-mêmes que « le terme propriété a été étendu à des choses incorporelles pour désigner le droit exclusif d'en user et d'en disposer » (AUBRY et RAU, *Cours de droit civil français d'après la méthode de Zachariae*, t. 2, Cosse, Marchal et Cie, 14e éd. 1869, § 190, p. 171). Ils citaient en particulier l'exemple du « droit exclusif des auteurs, artistes ou inventeurs, sur la valeur pécuniaire de leurs compositions, œuvres d'art ou inventions » (*op. cit.*, p. 172).
[234] F. ZENATI, *thèse préc.*, n° 161.
[235] F. ZENATI, *thèse préc.*, n° 161, note 113.
[236] F. ZENATI, *thèse préc.*, n° 161, note 113.
[237] V. en particulier M. VILLEY, « L'idée de droit subjectif et les systèmes juridiques romains », *RHD* 1947, p. 201 et s. ; « Du sens de l'expression jus in re en droit romain classique », *Revue internationale des droits de l'Antiquité, Mélanges Fernand De Visscher II*, Bruxelles, Office international de Librairie, 1949, p. 27 et s.
[238] Cf. F. ZENATI, *thèse préc.*, n° 154 : « L'analyse de la nature juridique de la propriété à Rome en termes de droit réel repose sur la conviction que les Romains

axiomatique de la conception classique de la propriété[239]. C'est pourquoi il est possible de s'en détacher et d'élargir l'assiette de la propriété aux choses incorporelles.

B. L'élargissement de l'assiette de la propriété aux choses incorporelles

136. L'élargissement de la propriété aux choses incorporelles que constituent les biens intellectuels a ici pour enjeu la validation de notre conception selon laquelle l'usufruit qui s'exerce sur eux est typique, c'est-à-dire ordinaire. Le caractère ordinaire de l'usufruit d'un bien intellectuel implique qu'ils fassent l'objet d'une propriété elle-même ordinaire. Or tel est effectivement le cas, que l'on appréhende la propriété dans son contenu (1) ou par ses caractères (2). On laissera de côté ici le débat un peu éculé sur la possession des choses incorporelles. En effet, en dépit d'objections

---

connaissaient déjà notre concept de droit subjectif, c'est-à-dire qu'ils concevaient le jus comme un attribut du sujet, un pouvoir de l'individu. Or ce présupposé est aujourd'hui en question depuis les recherches de M. Villey sur la genèse de l'idée de droit subjectif. Ces recherches ont permis d'établir que les Romains ignoraient pratiquement le droit subjectif et que cette notion si fondamentale dans notre système juridique n'a été dégagée que progressivement que par les glossateurs et surtout les romanistes de l'ancien régime, sous l'influence de l'école du droit naturel ». Outre les travaux de M. Villey, M. Zenati cite ceux de Acollas (« Dans le monde romain il n'existe donc pas de système du droit ; on y rencontre des faits, plus ou moins reliés entre eux, ce sont des faits que les jurisconsultes cherchent à soumettre isolément aux règles d'une contingence et empirique équité… Dans le monde romain, il n'y a donc ni droit ni devoirs de la propriété », *Manuel de droit civil*, T. I, p. 572, cité par F. ZENATI, *thèse préc.*, n° 176) et de Vermond (VERMOND, *De jure rerum corporalim privatarium*, p. 342-356, in F. ZENATI, thèse, n° 186, note 248).

[239] Cf. F. ZENATI, *thèse préc.*, n° 34 : « Le caractère corporel de l'objet de la propriété et des droits réels est en vérité un axiome ; il est souvent à peine formulé car ce n'est pas véritablement une règle de droit positif ». Pour une analyse minutieuse de la nature juridique de la propriété romaine, nous renvoyons aux développements que lui consacre M. Zenati (v. en particulier le chapitre intitulé « La nature de la propriété romaine », p. 189 et s. et celui relatif à « La dénaturation féodale de la propriété romaine », p. 265 et s.).

récurrentes[240], la compatibilité de la possession avec la nature incorporelle de la chose a été amplement démontrée[241].

1. La propriété appréhendée dans son contenu

137. Comme chacun le sait, lorsqu'elle est appréhendée sous l'angle de son contenu, la propriété se décline en trois prérogatives que sont l'*usus*, le *fructus* et l'*abusus*. Il a été démontré dans les développements précédents que les droits d'exploitation des œuvres de l'esprit, des inventions brevetées ou des marques incarnent précisément la jouissance qui peut être exercée sur ces choses incorporelles. Toutefois, il est parfois avancé que l'usage des œuvres littéraires et artistiques par leur auteur ne serait jamais exclusif dans la mesure où le public y a accès[242]. Partant, elles ne pourraient faire l'objet d'un véritable droit de propriété.

138. Cet argument a été justement critiqué. On lui a reproché d'entretenir la confusion entre l'usage de l'œuvre et celui de son support matériel[243] : « les deux biens, l'œuvre de l'esprit et son support matériel, ont des existences distinctes et font l'objet de propriétés indépendantes. La lecture du livre, fût-ce par son auteur, correspond à l'*usus* du seul support. L'*usus* du droit de propriété intellectuelle visera quant à lui la possibilité conférée à son auteur de représenter son œuvre, ou de ne pas le faire »[244]. Autrement dit, « le fait même de pouvoir exploiter l'œuvre et de percevoir les bénéfices de cette exploitation repose précisément sur l'existence d'un droit d'usage au profit de l'auteur »[245]. Cet argument vaut

---

[240] V. en dernier lieu, E. DESCHEEMAEKER, « "Personnes" sans personne et "choses" sans chose. De deux hystérèses en droit civil », *RTD civ.* 2025.1.
[241] V. notamment, A. PÉLISSIER, *Possessions et meubles incorporels*, préf. M. CABRILLAC, Dalloz, 2001 ; B. PARANCE, *La possession des biens incorporels*, préf. L. AYNÈS, avant-propos F. TERRÉ, LGDJ, Bibliothèque de l'Institut André Tunc, 2008 ; Y. STRICKLER, *Droit des biens*, LGDJ, 2017, n° 117 ; W. DROSS, op. cit., n° 238 et 238-1 ; F. ZENATI-CASTAING et T. REVET, *op. cit.*, n° 230, p. 374 et 375.
[242] V. en ce sens P. ROUBIER, « Droits intellectuels ou droits de clientèle », *RTD civ.* 1935, p. 251 et s., spéc. p. 280. V. aussi P. KAMINA, *thèse préc.*, n° 105.
[243] V. en ce sens C. SIMLER, *thèse préc.*, n° 84 et note 232 ; N. KILGUS, *thèse préc.*, n° 52.
[244] N. KILGUS, *thèse préc.*, n° 52.
[245] W. DROSS, *op. cit.*, n° 466-1.

également pour les inventions brevetées[246] et les marques. Il est donc possible d'user et de jouir de manière exclusive des choses incorporelles. Qu'en est-il de l'*abusus*, entendu comme le droit de disposer de la chose ?

139. À l'évidence, celui dont il est question ne saurait renvoyer au droit de disposer matériellement de la chose incorporelle[247]. Seul le droit d'en disposer juridiquement mérite d'être ici étudié. Si celui-ci existe assurément s'agissant des choses faisant l'objet d'un droit de propriété industrielle, la réponse est plus délicate s'agissant des œuvres de l'esprit. En ce qui les concerne, deux arguments sont avancés pour dénier à l'auteur l'existence d'un véritable droit de disposer.

140. Le premier tient au caractère inaliénable du droit de suite dont bénéficient les auteurs d'œuvres originales graphiques et plastiques en cas de revente de l'œuvre. L'article L. 122-8 al. 1er CPI prévoit en ce sens que l'auteur participe « au produit de toute vente d'une œuvre après la première cession opérée par l'auteur ou par ses ayants droit, lorsque intervient en tant que vendeur, acheteur ou intermédiaire un professionnel du marché de l'art ». Ce droit de suite constituerait, au même titre que les droits de reproduction et de représentation, un droit patrimonial de l'auteur[248]. Partant, son caractère inaliénable s'opposerait à ce que l'auteur puisse disposer

---

246 Cf. J.-M. MOUSSERON, *Contribution à l'analyse objective du droit du brevet d'invention*, thèse Montpellier, 1960, n° 249 : « Bénéficiaire de l'usage économique exclusif, le breveté a donc "l'usus" caractéristique du droit de propriété » ; « Nul ne conteste que le breveté ait le "fructus". C'est la caractéristique la plus élémentaire du monopole d'exploitation qui lui est conféré ».

247 Cf. SIMLER, *thèse préc.*, n° 103 : « l'œuvre de l'esprit, chose immatérielle, est-elle susceptible de destruction ? L'œuvre existe tant qu'elle est présente dans la mémoire des hommes. C'est l'oubli qui la fait disparaître. Or, l'auteur d'une œuvre a-t-il le pouvoir de provoquer l'oubli ? Une destruction de la totalité des supports d'une œuvre peut conduire à cette fin. Si l'auteur est concomitamment propriétaire des supports, il peut, dans l'exercice de ce droit, les détruire. Mais, sa seule qualité d'auteur de l'œuvre ne lui confère pas cette prérogative ». Sur les limites au droit de disposer matériellement du support de l'œuvre lorsqu'il appartient à un autre que le créateur, cf. N. KILGUS, *thèse préc.*, n° 60.

248 M. VIVANT et J.-M. BRUGUIÈRE, *Droit d'auteur et droits voisins*, Dalloz, Précis, 5e éd., 2024, n° 611.

juridiquement de son œuvre[249]. Cet argument doit être écarté. En réalité, le droit de suite s'analyse en un droit à un supplément de prix en cas de revente du support de l'œuvre. Il permet à l'auteur de participer à la plus-value réalisée. Dès lors, ce droit ne saurait constituer un obstacle à l'existence d'un droit de disposer de l'œuvre. Bien au contraire, il est une conséquence de son exercice.

141. Le second argument a trait au droit moral de l'auteur[250]. Il consiste à soutenir que « l'œuvre littéraire et artistique n'échappe jamais totalement à son auteur : le voudrait-il qu'il ne pourrait céder ni même abdiquer les prérogatives attachées au droit moral. Son pouvoir de disposer n'est donc jamais total et l'on pourrait alors arguer que l'*abusus* n'existe pas »[251]. Ici encore, cet argument n'est pas dirimant. D'après la doctrine majoritaire[252], l'auteur a sur son œuvre des droits patrimoniaux (les droits de représentation et de reproduction) et des droits extrapatrimoniaux (droit au respect de l'œuvre, droit de divulgation, de retrait et de repentir…), ces derniers formant le droit moral de l'auteur[253]. Or, en tant que droit extrapatrimonial, le droit moral ne participe pas de la « maîtrise que l'auteur exerce sur l'œuvre »[254]. C'est pourquoi il ne saurait constituer un obstacle à l'existence d'un « *abusus* total » de son œuvre par l'auteur[255]. Au demeurant, même si l'on devait retenir une approche moniste du droit de l'auteur sur son œuvre, celle-ci n'aurait pas pour effet d'annihiler le droit de disposition juridique. Simplement, le droit moral marquant le caractère personnel de la propriété, il en résulterait que le droit de disposer s'exercerait sur un

---

[249] Cf. N. KILGUS, *thèse préc.*, n° 61 : « Le problème de l'existence d'un *abusus*, au sens juridique, sera plus délicat. En propriété littéraire et artistique, si les droits de reproduction et de représentation peuvent faire l'objet d'une cession, ce ne sera pas le cas du droit de suite. Or ce dernier compte parmi les droits patrimoniaux reconnus à l'auteur ».

[250] Il ne concerne pas les autres biens intellectuels. Ces derniers « sont conçus comme des objets totalement détachés de la personne de leur créateur, l'abusus étant à leur égard total » (W. DROSS, *op. cit.*, n° 466-1).

[251] W. DROSS, *op. cit.*, n° 466-1.

[252] V. en ce sens SIMLER, *thèse préc.*, n° 16 et la doctrine citée note 47.

[253] L'art. L. 111-1 al. 2 CPI accrédite cette distinction en ce qu'il envisage les « attributs d'ordre intellectuel et moral ainsi » et les « attributs d'ordre patrimonial ».

[254] W. DROSS, *op. cit.*, n° 466-1.

[255] W. DROSS, *op. cit.*, n° 466-1. *Contra* N. KILGUS, *thèse préc.*, n° 61.

bien à caractère personnel[256]. Autrement dit, dans la perspective moniste, la disposition juridique s'exerce dans les limites permises par le caractère personnel de l'œuvre, sans disparaître en elle-même.

142. Si l'on résume, lorsqu'elle est appréhendée sous l'angle de son contenu, la propriété est compatible avec les choses incorporelles. En effet, il est possible d'en user, d'en jouir et d'en disposer juridiquement. Il convient de vérifier si cette conclusion se confirme lorsque la propriété est appréhendée sous l'angle de ses caractères.

2. La propriété appréhendée par ses caractères

143. Dans un article demeuré célèbre, le Marquis de Vareilles-Sommières a montré que la propriété pouvait exister même si le propriétaire était privé de l'une, voire des trois prérogatives que sont l'*usus*, le *fructus* et l'*abusus*[257]. Ainsi, lorsqu'une chose est grevée d'un usufruit, le nu-propriétaire, qui ne peut ni en user, ni en jouir, ni même en disposer matériellement, en demeure bien propriétaire. Partant, la propriété est « un droit général, c'est-à-dire un droit à tous les services de la chose qui sont libres et un arrière-droit à ceux qui ne sont pas libres »[258].

144. Cette démonstration a incité une partie de la doctrine à repenser la définition de la propriété. Si la référence à son contenu peut difficilement être occultée, l'accent est désormais mis sur ses caractères exclusif et perpétuel.

145. L'exclusivité se manifeste aussi bien dans le rapport interne du propriétaire à son bien que dans le rapport qu'il entretient avec les tiers. Ainsi, « dans la relation à la chose, la propriété exclusive est presque de l'ordre du non-droit : elle est liberté absolue de faire

---

[256] Cf. J. AUDIER, *Les droits patrimoniaux à caractère personnel*, préf. P. KAYSER, LGDJ, 1975, qui range le droit de l'auteur sur son œuvre dans la catégorie des droits patrimoniaux à caractère personnel par leur origine. V. aussi F. PAUL, *Les choses qui sont dans le commerce au sens de l'article 1128 du code civil*, préf. J. GHESTIN, LGDJ, 2002, n° 264.
[257] DE VAREILLES-SOMMIERES, « La définition et la notion juridique de la propriété », *RTD civ.* 1905. 443 et s.
[258] *Ibid.*, n° 20.

ce que l'on veut d'une chose – pour autant que cela ne soit pas interdit –, au point que cette chose finisse par se dissoudre dans la personne du propriétaire, dont elle ne constitue bientôt plus que le prolongement. Dans la relation aux autres, la propriété est également exclusive au sens où le propriétaire peut exclure les tiers de la jouissance de sa chose »[259].

146. Quant au caractère perpétuel, il signifie « que le droit de propriété ne peut pas être perdu par le non-usage et qu'il doit durer autant qu'existe la chose sur laquelle il porte »[260]. Autrement dit, même en cas de non-usage, la propriété ne s'éteint pas par le jeu de la prescription extinctive. Ces deux caractères se retrouvent-ils dans les droits de propriété intellectuelle et industrielle ?

147. L'exclusivité ne soulève pas de difficulté. L'art. L. 111-1 CPI reconnaît précisément à l'auteur d'une œuvre littéraire ou artistique « un droit de propriété incorporelle exclusif et opposable à tous ». En outre, en cas d'atteinte à son droit, l'auteur dispose d'une action en contrefaçon qui, lorsqu'elle est « exercée contre un contrefacteur direct (…), présente alors la nature d'une action en revendication de propriété »[261]. Une action en revendication est également ouverte en cas d'atteinte à un droit de propriété industrielle[262].

148. La question de savoir si les droits de propriété intellectuelle et industrielle sont perpétuels est plus délicate. Nul n'ignore en effet que « la critique récurrente faite à la qualification de droit de propriété tient au caractère nécessairement temporaire de la maîtrise privative reconnue par la loi au créateur sur le bien intellectuel. Ce caractère temporaire s'opposerait radicalement à la perpétuité du droit de propriété »[263].

---

[259] R. LIBCHABER, « La recodification du droit des biens », *art. préc.*, p. 308.
[260] C. LARROUMET, B. MALLET-BRICOUT, *op. cit.*, n° 257.
[261] C. SIMLER, *thèse préc.*, n° 174. V. aussi W. DROSS, *op. cit.*, n° 479-1, qui la qualifie d'« action réelle en restitution ».
[262] Cf. l'art. L. 712-6 CPI pour les marques, l'art. L. 611-8 CPI pour les brevets et l'art. L. 511-10 CPI pour les dessins et modèles.
[263] W. DROSS, *op. cit.*, n° 465.

149. L'article L. 123-1 CPI prévoit effectivement qu'au décès de l'auteur, le droit exclusif d'exploiter l'œuvre « bénéfice à ses ayants droit pendant l'année civile en cours et les soixante-dix années qui suivent ». De même, l'art. L. 612-2 du CPC limite à vingt ans la protection de l'invention par un brevet. Quant à l'article L. 714-5 CPI, il fixe la règle selon laquelle le titulaire de la marque est déchu de ses droits lorsque « sans justes motifs, [il] n'en a pas fait un usage sérieux, pour les produits ou services pour lesquels la marque est enregistrée, pendant une période ininterrompue de cinq ans ». Il reste que ces textes ne s'opposent pas à ce que l'on reconnaisse aux droits de propriété intellectuelle et industrielle un caractère perpétuel.

150. Pour ce qui concerne d'abord les œuvres littéraires et artistiques et les inventions brevetées, elles tombent dans le domaine public à l'expiration des délais légaux. Autrement dit, l'œuvre ou l'invention sort de la catégorie des choses appropriables pour devenir une chose commune[264]. Dans ces conditions, on peut soutenir, avec M. Libchaber, que « cette durée de vie limitée n'altère pas la perpétuité d'une appropriation qui dure autant que le bien »[265]. Il faut simplement constater que, en tant que choses appropriables, les œuvres et les inventions ont par essence une durée de vie limitée. C'est ce qui les différencie des choses corporelles non consomptibles. Mme Simler écrit en ce sens que « ce qui différencie

---

[264] Cf. C. SIMLER, *thèse préc.*, n° 171 : « le législateur a reconnu temporairement [à l'œuvre] la qualité de chose appropriable. Lorsqu'à l'expiration du monopole cette chose tombe dans le domaine public et devient une chose commune, le droit de propriété de l'auteur s'éteint ». V. aussi à propos de l'invention brevetée, C. CARON, *art. préc.*, qui écrit qu'à l'expiration du brevet d'invention, « l'objet du droit de propriété s'est transformé en chose commune ».

[265] R. LIBCHABER, « La recodification du droit des biens », *art. préc.*, n° 30. V. aussi J.-M. MOUSSERON, RAYNARD et T. REVET, « De la propriété comme modèle », *Mélanges offerts à André Colomer*, Litec, 1993, p. 281 et s., spéc. n° 28 et 29 : « Le terme perpétuité révèle, simplement, l'absence de terme extinctif du droit. Mais celui-ci ne dure qu'autant que son objet subsiste : la disparition de la chose, objet du droit, provoque l'extinction de ce dernier. Parce que la construction, attachée au sol, a vocation à l'immutabilité, l'idée de perpétuité s'est associée au droit dont celle-ci est l'objet. Ce caractère est, donc, contingent à l'objet du droit. Au demeurant, la construction n'est pas indestructible et l'immutabilité n'est pas l'éternité. Au vocable de perpétuité devrait être préféré celui, plus modeste, de permanence. La précarité du monopole d'exploitation obtenu par le droit intellectuel n'est, donc, pas en contradiction avec ces principes ».

la propriété de l'œuvre de la propriété ordinaire, ce n'est pas le droit – toujours perpétuel – mais la chose. Lorsqu'elle est matérielle, sa perte totale ou la perte de sa nature appropriable seulement est un évènement aléatoire. La transformation de l'œuvre en chose commune est, quant à elle, programmée »[266].

151. S'agissant ensuite des marques, il est permis de souscrire à l'analyse de M. Dross, lequel soutient que, en cas de non-usage de la marque sans justes motifs, « ce n'est pas le droit qui disparaît faute d'exploitation mais l'objet même de l'appropriation »[267]. En effet « la marque a pour fonction d'évoquer une image créée dans l'esprit de la clientèle. Faute d'utilisation, cette image s'affadit jusqu'à finalement disparaître. C'est l'oubli du consommateur, lequel entraîne la disparition de l'image qu'à vocation à appeler la marque, dont cette solution rend compte »[268]. D'ailleurs, lorsque la marque est correctement exploitée, le droit de propriété industrielle n'est affecté d'aucun terme.

152. En conclusion, lorsqu'elle est appréhendée sous l'angle de ses caractères, la propriété s'adapte également aux choses incorporelles que sont les biens intellectuels. La définition que donne l'art. 578 c. civ. de l'usufruit n'en ressort pas modifiée : celui-ci est bien le droit de jouir d'une chose dont un autre a la propriété. L'usufruit d'un bien intellectuel n'est pas un usufruit atypique mais un usufruit ordinaire, de même nature que celui qui s'exerce sur les choses corporelles. Qu'en est-il de celui qui porte sur une universalité ?

SECTION II. L'USUFRUIT DES CHOSES UT UNIVERSI

153. Nous nous sommes attachés à démontrer, dans les développements qui précèdent, que l'usufruit a pour seul objet possible les choses, corporelles ou incorporelles, à l'exclusion des droits. Il importe à présent de vérifier si la restriction du domaine de l'usufruit aux seules choses est compatible avec la figure de l'usufruit d'une universalité.

---

[266] C. SIMLER, *thèse préc.*, n° 171.
[267] W. DROSS, *op. cit.*, n° 465.
[268] W. DROSS, *op. cit.*, n° 465-2.

154. Il faut immédiatement soustraire du débat l'universalité de fait, définie comme « un ensemble de biens constitutif d'un bien »[269]. Cette notion « trouve ses racines chez les romanistes, qui opposaient les *universitates juris* aux *universitates facti* »[270], et dont la construction doctrinale s'inspirait du concept romain d'*universitas*. En droit romain, l'*universitas* pouvait caractériser aussi bien un ensemble de personnes qu'un ensemble de choses[271]. Le Digeste désignait notamment sous ce terme le troupeau[272] ou encore le quadrige[273]. S'agissant du troupeau, il distinguait l'hypothèse de l'usufruit portant sur celui-ci en tant qu'universalité de celle d'un usufruit portant sur les animaux pris *ut singuli*. Dans la première hypothèse, l'usufruitier devait procéder au remplacement d'un animal disparu. De nos jours, une règle relativement proche est énoncée à l'article 616 al. 2 c. civ., qui prévoit que « si le troupeau ne périt pas entièrement, l'usufruitier est tenu de remplacer, jusqu'à concurrence du croît, les têtes des animaux qui ont péri ». Certes, le Code civil n'emploie pas l'expression d'universalité pour désigner le troupeau, mais la doctrine s'accorde en général à y voir une universalité de fait[274]. Autrement dit, l'obligation faite à l'usufruitier de remplacer les bêtes disparues s'expliquerait par l'appartenance du troupeau à la catégorie des universalités de fait.

155. Postérieurement à l'adoption du Code civil, cette notion d'universalité a été utilisée par la jurisprudence d'abord au sujet du fonds de commerce puis du portefeuille de valeurs mobilières. La question posée à la Cour de cassation était de savoir si l'usufruitier d'un fonds de commerce ou d'un portefeuille de valeurs mobilières pouvait disposer des éléments les composant. La Haute juridiction a répondu par l'affirmative, tout en mettant à la charge de l'usufruitier l'obligation de procéder au remplacement des éléments aliénés. Dans un arrêt en date du 13 décembre 1842, elle a ainsi jugé

---

[269] F. ZENATI-CASTAING et T. REVET, *Les biens*, PUF, 3e éd., n° 133.
[270] W. DROSS, *op. cit.*, n° 421-1.
[271] Cf. A. DENIZOT, *L'universalité de fait*, préf. R. LIBCHABER, LGDJ, 2008, n° 2 et s.
[272] Cf. A. DENIZOT, *thèse préc.*, n° 4.
[273] Cf. A. DENIZOT, *thèse préc.*, n° 4.
[274] V. par ex. C. LARROUMET et B. MALLET-BRICOUT, *op. cit.*, n° 466 ; F. ZENATI-CASTAING et T. REVET, *op. cit.*, n° 133 ; C. GRIMALDI, *Droit des biens*, LGDJ, 4e éd., 2024, n° 382 ; A. DENIZOT, *thèse préc.*, n° 127.

que le « fonds de commerce, en droit et en thèse générale, doit être considéré comme un corps universel (universum jus) qui continue de subsister dans le renouvellement successif des marchandises qui le composent » ; « par suite l'usufruitier d'un pareil fonds est tenu, à la fin de l'usufruit, de restituer les objets qui le constituent dans l'état où il se trouve »[275]. Près d'un siècle plus tard, elle a appliqué ce raisonnement au portefeuille de valeurs mobilières en jugeant que si l'usufruitier « est autorisé à gérer cette universalité en cédant des titres dans la mesure où ils sont remplacés, il n'en a pas moins la charge d'en conserver la substance et de le rendre » à l'extinction de son droit[276].

156. En qualifiant le fonds de commerce et le portefeuille de valeurs mobilières d'universalités, la Cour de cassation a redessiné le contenu de l'obligation incombant à l'usufruitier de conserver la substance de la chose objet de son droit. En effet, si cette obligation lui interdit classiquement d'accomplir des actes de disposition, en présence d'une universalité de fait, elle ne lui interdit pas d'aliéner les éléments la composant, à charge de procéder à leur remplacement. La substance de la chose objet de l'usufruit est alors appréhendée de manière fonctionnelle, en ce sens que c'est la destination de l'ensemble qui doit être conservée par l'usufruitier[277].

---

[275] Cass. 13 déc. 1842, *S.* 1843. 1. 22, spéc. p. 25.

[276] Civ. 1ère, 12 nov. 1998, n° 96-18.041, pub. *Bull.* ; H. CAPITANT, F. TERRÉ, Y. LEQUETTE, F. CHÉNÉDÉ, *Les grands arrêts de la jurisprudence civile*, Dalloz, t. 1, 2024, 14e éd., n° 92 ; *D.* 1999. 167, note L. AYNÈS ; *JCP E* 1999. II. 10027, note S. PIEDELIÈVRE, *JCP N* 351, note H. HOVASSE ; *RTD civ.* 1999. 422, obs. F. ZENATI, 674, obs. J. PATARIN, *RTD com.* 1999. 459, obs. M. STORCK.

[277] V. en ce sens, A. DENIZOT, *thèse préc.*, n° 544 : « On oppose substance matérielle et substance fonctionnelle. La première conduit à conserver la matière qui compose la chose. Elle n'implique pas de respecter la destination du bien. La seconde conception de la substance impose en revanche de respecter la destination du bien, sans faire cas des affectations matérielles de la chose ». L'auteur cite Demolombe, qui écrivait déjà : « Supposez qu'un navire, un moulin ou toute autre construction ait été l'objet de tant de réparations successives, qu'il ne reste plus rien des anciens éléments dont il avait d'abord été composé. La substance physique a péri sans doute ; elle a été complètement changée, renouvelée, mais la substance juridique est au contraire toujours restée la même : c'est toujours le même être, le même navire, le même moulin, la même construction ; c'est toujours enfin le même bien ; et il aura pu conserver son nom, comme il a conservé sa forme et sa

157. Ces rappels étant effectués, il importe ici de souligner que la qualification d'un ensemble d'éléments comme universalité de fait est indifférente à notre point de vue, en ce sens qu'elle n'a pas d'incidence sur la validité de la thèse selon laquelle l'usufruit a nécessairement une chose pour objet. En effet, dès lors que la qualification d'universalité de fait est retenue, l'universalité est considérée comme une chose incorporelle en soi[278]. Il en va ainsi du fonds de commerce et il en va de même du portefeuille de valeurs mobilières. Plus précisément, pour ce qui concerne ce dernier, il importe de préciser qu'il rassemble des droits. Cependant, si on qualifie le portefeuille d'universalité de fait, celle-ci n'entraîne pas l'attribution d'un droit patrimonial global qui transcenderait l'addition des droits particuliers la composant. Conçu comme une universalité de fait, le portefeuille se range donc dans la catégorie des choses incorporelles. En sens inverse, si l'on contestait la qualification du portefeuille en une universalité de fait, il se ramènerait alors à la figure de l'usufruit des droits sociaux, au sens où nous l'avons défini précédemment[279].

158. Les universalités de fait ainsi retranchées du débat, il reste à envisager l'universalité de droit. Si le code civil ne prévoit pas que le patrimoine, en tant qu'universalité de droit, puisse être l'objet d'un usufruit, la doctrine affirme cependant son existence. Elle le déduit des articles 757 et 1094-1 c. civ., qui prévoient que le conjoint survivant peut, en présence d'enfants ou de descendants, bénéficier de l'usufruit de la totalité des biens laissés par le défunt[280], c'est-à-

---

destination » (C. DEMOLOMBE, *Traité de la distinction des biens*, t. 1, 14e éd., 1870, n° 21, p. 13).

[278] V. par ex. R. LIBCHABER, v° Biens, *Rép. civ.*, Dalloz, 2016, actualisation 2019, n° 86 : « quand bien même toutes ses composantes seraient matérielles, mobilières même, l'universalité n'en serait pas moins un bien qui ne se conçoit qu'en esprit, par une vue intellectuelle suscitée par certaines opérations juridiques unitaires ». Comp. A. DENIZOT, *thèse préc.*, n° 216, qui juge artificielle la qualification de bien incorporel lorsque ceux composant l'universalité de fait sont exclusivement corporels.

[279] V. *supra* n° 76.

[280] L'art. 757 c. civ. prévoit que le conjoint survivant peut bénéficier de l'usufruit de la totalité des biens existants lorsque le défunt laisse pour lui succéder des enfants communs au couple. L'art. 1094-1 al. 1er c. civ. prévoit que « pour le cas où l'époux laisserait des enfants ou descendants, issus ou non du mariage, il pourra

dire de l'usufruit universel de la succession[281], et de l'article 612, qui fixe les règles de contribution au passif successoral en présence d'un usufruit universel ou quasi-universel. Par exemple, Christian Larroumet et Mme Mallet-Bricoud soutiennent qu'« il résulte de l'article 612 que le nu-propriétaire est tenu de la dette en capital et l'usufruitier de la dette en intérêts, ce qui correspond aux charges usufructuaires. Ces dispositions sont parfaitement logiques en ce qu'elles concernent une universalité de droit, laquelle comprend un actif et un passif »[282]. MM. Zenati-Castaing et Revet écrivent quant à eux que « l'usufruit peut avoir pour objet (...) une universalité de droit » et « porte fréquemment sur une universalité en matière successorale, le conjoint ayant le plus souvent des droits en usufruit »[283]. De même, Mme Chamoulaud-Trapiers, écrit que « l'usufruit peut s'exercer sur (...) une universalité de droit, à savoir un patrimoine dans son ensemble, comme le legs en usufruit de la totalité des biens composant une succession »[284]. Ainsi encore, François Terré, MM. Simler et Forti citent le patrimoine comme une universalité sur laquelle l'usufruit peut porter et opposent ainsi « l'usufruit à titre particulier à l'usufruit universel », en précisant que « c'est dans le cadre de la dévolution successorale, légale ou testamentaire, que l'on rencontre cette variété d'usufruit »[285]. Cette analyse, qui est constante et se retrouve sous la plume d'autres auteurs[286], n'emporte pas l'adhésion. En effet, il apparaît que tant la notion d'universalité de droit (§ I) que son régime sont incompatibles avec l'exercice d'un usufruit (§ II).

---

disposer en faveur de l'autre époux (...) de la totalité de ses biens en usufruit seulement ».

[281] V. par ex. Civ. 1ère, 24 juin 2020, n° 19-10.510, inédit.

[282] C. LARROUMET et B. MALLET-BRICOUT, *op. cit.*, n° 468.

[283] F. ZENATI et T. REVET, *op. cit.*, n° 321.

[284] A. CHAMOULAUD-TRAPIERS, v° Usufruit, *Rep. droit civil*, Dalloz, 2012, act. 2025, n° 342.

[285] F. TERRÉ, P. SIMLER, V. FORTI, *op. cit.*, n° 788.

[286] Cf., sans prétendre à l'exhaustivité, J.-L. BERGEL, M. BRUSCHI et S. CIMAMONTI, *op. cit.*, n° 277 ; C. GRIMALDI, *op. cit.*, n° 382 ; M. FABRE, *thèse préc.*, n° 15, qui estime que « l'assiette d'un usufruit universel ou à titre universel est constituée par le patrimoine du défunt, quand bien même celui-ci ne serait composé que de dettes » ; N. KILGUS, *thèse préc.*, n° 95.

§ I. L'incompatibilité avec la notion d'universalité de droit

159. Il convient ici de rappeler très brièvement que l'universalité de droit n'est qu'un réceptacle, c'est-à-dire un cadre qui comprend une masse active et une masse passive[287]. En conséquence, si elle était réellement l'objet de l'usufruit universel, le droit de jouissance de l'usufruitier devrait pouvoir s'exercer tant sur sa masse active que sur sa masse passive. Or ces deux propositions sont prises en défaut. On les examinera successivement.

A. L'impossible usufruit de la masse passive

160. En admettant que l'usufruit universel s'applique au patrimoine comme universalité de droit, et en partant du postulat qu'un patrimoine exclusivement composé de dettes n'en est pas moins un patrimoine, on devrait en déduire que l'usufruit universel peut avoir pour objet un patrimoine déficitaire. Telle est précisément la position de Mme Fabre, qui n'a pas hésité à pousser la logique de l'usufruit d'une universalité de droit jusqu'à son terme. L'auteur affirme en effet que, « même si le patrimoine n'est composé que de dettes, l'usufruit qui le grève n'en a pas moins pour objet une universalité de droit »[288]. M. Kilgus paraît convergent car, selon lui, l'usufruit d'une dette « semble envisageable » [289]. Il précise qu'il « est des hypothèses dans lesquelles l'usufruitier sera tenu à des charges se révélant bien supérieures aux bénéfices escomptés de la jouissance du bien. Plus largement, le droit reconnaît l'existence de "*biens à valeur vénale négative*" »[290]. En réalité, l'idée selon laquelle l'usufruit pourrait porter sur des dettes est doublement critiquable.

---

[287] V. cependant A. SERIAUX, « La notion juridique de patrimoine. Brèves notations civilistes sur le verbe avoir », *RTD civ.* 1994.801, spéc. n° 1 : « Certes, c'est avec ses biens présents ou à venir que le débiteur devra payer ses dettes à ses créanciers mais, répétons-le, sauf à adopter une perspective comptable, les dettes ne grèvent jamais en principe directement les biens du débiteur. Son patrimoine n'est rien d'autre que ce qu'il possède légitimement et qui pourra ainsi lui servir à acquitter ce qu'il doit personnellement ».

[288] M. FABRE, *thèse préc.*, n° 15.

[289] N. KILGUS, *thèse préc.*, n° 95.

[290] N. KILGUS, *thèse préc.*, n° 95.

161. Tout d'abord, elle est incompatible avec l'article 612 alinéa 4 c. civ. qui prévoit que, si l'usufruitier ne veut pas payer le passif successoral, capital et intérêts compris, le nu-propriétaire « a le choix, ou de payer cette somme, et, dans ce cas, l'usufruitier lui tient compte des intérêts pendant la durée de l'usufruit, ou de faire vendre jusqu'à due concurrence une portion des biens soumis à l'usufruit ». Analysant ce texte, M. Grimaldi écrit que, dans le premier cas, l'usufruitier « est comptable de la somme déboursée par le nu-propriétaire » mais « conserve intacte l'assiette de son droit », tandis que, dans le second, « l'usufruitier contribue en nature au paiement du passif »[291]. On voit donc que, en toute hypothèse, l'usufruit s'exercera finalement sur un actif net. L'hypothèse de l'usufruit d'un passif est donc illusoire. Elle l'est d'autant plus que si le passif était supérieur à l'actif, il est bien évident qu'aucun usufruit ne s'ouvrirait alors en pratique.

162. Ensuite, la figure de l'usufruit des dettes est incompatible avec la notion même d'usufruit, dans la mesure où une dette ne procure aucune jouissance[292]. Si l'on considère que la créance est un instrument d'appropriation, la dette n'est rien d'autre qu'un instrument de désappropriation. Elle ne fait qu'anticiper une perte. Finalement, comme l'écrit M. Libchaber, « comment le fait de subir une obligation pourrait-il équivaloir ou se ramener au fait d'avoir un droit, voire de posséder un actif quelconque »[293] ? La dette n'étant

---

[291] M. GRIMALDI, *Droit des successions*, LexisNexis, 8e éd., 2020, n° 651. V. dans le même sens, *ibid.* : « ce que le principe [posé par l'art. 612 c. civ.] signifie, c'est que l'usufruitier doit contribuer sur sa jouissance, à la charge du passif, et donc qu'il doit supporter la perte de la jouissance des biens affectés à l'acquit du passif : autrement dit, son usufruit ne peut s'exercer que sur l'actif net ».

[292] V. en sens. R. LIBCHABER, v° Biens, *Rép. dr. civ.*, actualisation 2019, n° 2, à propos de la cession de dette : « il est possible qu'un individu veuille "acquérir" des dettes, moyennant un avantage financier, parce qu'il se croit mieux à même d'en obtenir le dégrèvement que l'actuel débiteur : l'intérêt spéculatif qui se trouve à l'œuvre démontre que la dette n'est pas désirée pour elle-même en tant que bien, pour la jouissance qu'elle pourrait procurer – qui n'existe évidemment pas –, mais simplement comme un moyen d'exercer des compétences de négociation, qui pourront du reste déboucher sur un certain profit ».

[293] R. LIBCHABER, v° Biens, *art. préc.*, n° 23. L'admission de la cession de dette ne remet pas en cause l'idée selon laquelle une dette n'est pas un objet de propriété. En effet, la cession de la dette opère le transfert de l'obligation envisagée sous un angle personnel et non réel. Plus précisément, selon que la cession sera extinctive

pas un objet de propriété, elle ne peut davantage être celui d'un usufruit.

163. Au total, un usufruit ne saurait s'exercer ni sur des dettes à titre particulier, ni sur une masse passive *ut universi*. Qu'en est-il si on considère l'actif du patrimoine ?

B. L'impossible usufruit de la masse active *ut universi*

164. La question est ici de savoir si l'usufruit peut porter sur un actif à titre universel. Pour y répondre, il convient de revenir un instant sur la figure de l'usufruit de l'universalité de fait. Il faut en effet s'interroger sur le critère qui permet de considérer qu'une telle universalité peut faire l'objet d'un usufruit (1) avant de voir s'il peut être vérifié dans le cas d'une universalité de droit (2).

1. Le critère de l'universalité de fait comme objet d'usufruit

165. Afin d'identifier ce critère, il convient de partir de l'exemple du fonds de commerce, que la Cour de cassation a très tôt qualifié d'universalité au sens de l'usufruit, et pour lequel cette qualification ne suscite guère d'objections[294]. Comme chacun le sait, le fonds de commerce est composé d'un ensemble d'éléments hétérogènes qui concourent à son exploitation. Les bénéfices réalisés découlent précisément de cette exploitation et peuvent pour cette raison être analysés comme les fruits fournis par le fonds. Autrement dit, ils constituent un *fructus* global, distinct du *fructus* que l'on pourrait assigner à l'exploitation des éléments pris *ut singuli*[295]. Cette

---

ou cumulative, le cessionnaire prendra ou partagera la place du débiteur cédant dans le rapport d'obligation qui le lie au créancier. V. sur ce point L. ANDREU, *Du changement de débiteur*, préf. D. R. MARTIN, Dalloz, 2010, n° 67 et s.

[294] V. néanmoins W. DROSS, *op. cit.*, n° 421.

[295] V. dans le même sens, A. DENIZOT, *thèse préc.*, n° 501 : « La question préalable qu'il convient de résoudre est celle de l'existence d'un ensemble frugifère. Il ne va pas de soi, en effet, que l'ensemble, en tant que tel, engendre un *fructus* distinct de celui de ses composants. Le *fructus* global n'est-il pas la somme arithmétique des *fructus* de chaque élément ? Pour admettre le contraire, il faut considérer que la réunion des éléments dégage une synergie propre, susceptible de faire naître des fruits autres que ceux des éléments. Le fonds en est le meilleur

aptitude du fonds à fournir un *fructus* global caractérise son utilité propre. Elle constitue donc le critère de sa qualification comme universalité de fait : c'est parce que le fonds produit un *fructus* global qu'il peut être traité comme une chose incorporelle objet d'usufruit[296].

166. En sens inverse, ce critère ne semble pas rempli dans le cas du portefeuille de valeurs mobilières, dont on rappelle qu'il a également été qualifié d'universalité par la jurisprudence[297]. En effet, le portefeuille ne produit aucun *fructus* global, distinct du *fructus* produit par chacune des valeurs qui le composent. Tout d'abord, il faut exclure l'idée selon laquelle les dividendes pourraient constituer des fruits du portefeuille. En effet, les dividendes sont les fruits de l'actif social et leur montant est déterminé par chacune des valeurs mobilières détenue, sans que leur réunion dans un portefeuille n'ait une quelconque incidence. Ensuite, les plus-values qui peuvent être réalisées en cas de vente des valeurs suivie de leur remplacement n'ont pas la nature de fruits[298]. Il s'agit plutôt, comme l'écrit M. Piédelièvre, d'un « accroissement de la chose », lequel « s'explique par les règles de l'accession ». Autrement dit, la plus-value consiste en « un supplément de valeur propre qui n'a pas d'existence actuelle et

---

exemple. Il peut dégager des bénéfices, qui sont qualifiés de fruits et qui ne sont pas réductibles à la somme des *fructus* de chaque élément considéré isolément ».

[296] Au demeurant, cette analyse est transposable aux autres variétés de fonds susceptibles d'exploitation (fonds agricole, fonds libéral…).

[297] V. *supra* n° 155.

[298] V. en ce sens M. STORCK, « La propriété d'un portefeuille de valeurs mobilières », *Le droit privé français à la fin du XXe siècle, Études offertes à Pierre Catala,* Litec, 2001, p. 695, spé. p. 705 ; F. ZENATI, v° Usufruit des droits sociaux, *art. préc.*, n° 562 ; S. PIEDELIÈVRE, v° Fruits, *Rép. droit civil*, Dalloz, 2022, n° 14. *Contra* A. DENIZOT, *thèse préc.*, n° 503, qui invite « à distinguer les plus-values industrielles de celles qui sont dues à une évolution de la conjoncture ». Les premières seraient obtenues grâce aux arbitrages du gestionnaire qui déciderait de remplacer un titre par un autre dans l'espoir d'augmenter la valeur du portefeuille. Or, « lorsque l'arbitrage se fait au regard des autres valeurs, de manière à préserver la composition du portefeuille, la réalisation de plus-values peut être envisagée comme un fruit de ce dernier. Cette qualification, impossible pour les éléments pris ut singuli, est permise au regard de l'ensemble. Les plus-values générées par le remplacement sont effectivement des sommes d'argent fournies périodiquement par le portefeuille sans que soit altérée sa substance » (A. DENIZOT, *thèse préc.*, n° 504).

propre : il s'agit d'un élément comptable insusceptible de se détacher du bien »[299]. À partir de là, on rejoindra M. Zenati qui estime que, « quand bien même les plus-values seraient dues à l'efficacité des arbitrages réalisés par l'usufruitier (qui aura su vendre les titres au moment où ils se dépréciaient), elles ne peuvent pas lui profiter parce qu'il est de règle que l'usufruitier ne profite pas des améliorations de la chose (C. civ., art. 599 al. 2) »[300].

167. Si l'utilité propre du portefeuille de valeurs mobilières ne réside pas dans sa jouissance, peut-elle être du moins trouvée dans l'usage qui en est fait ? Tel peut être effectivement le cas lorsque le portefeuille vise à former un « bloc de contrôle »[301] de la société émettrice. En outre, l'utilité propre du portefeuille pourrait être éventuellement caractérisée lorsqu'il permet de déployer une « stratégie patrimoniale bien identifiée »[302]. Toutefois, ce dernier cas de figure est rare. En effet, bien souvent, la stratégie patrimoniale englobe l'ensemble des richesses du titulaire du patrimoine, et pas seulement ses valeurs mobilières, si bien que « le portefeuille a des limites trop étroites pour être porteur d'une véritable cohérence »[303], c'est-à-dire d'une utilité propre dans son usage.

168. Au-delà du portefeuille de valeurs mobilières, dont la qualification d'universalité de fait paraît en réalité bien fragile, le critère de l'utilité propre dans l'usage de l'ensemble pourrait également permettre de justifier qu'une addition de choses corporelles, comme un troupeau, soit qualifiée d'universalité de fait au sens de l'usufruit. Finalement, le critère le plus sûr de la

---

[299] S. PIEDELIÈVRE, v° Fruits, *art. préc.*, n° 14.

[300] F. ZENATI, v° Usufruit des droits sociaux, *art. préc.*, n° 562.

[301] L. AYNÈS, note sous Civ. 1ère, 12 nov. 1998, *D.* 1999. 167, n° 12.

[302] R. LIBCHABER, « Le portefeuille de valeurs mobilières : bien unique ou pluralité de biens ? », *Defrénois*, 1997. 65, n° 13. V. aussi D. HIEZ, *Étude critique de la notion de patrimoine en droit français actuel*, préf. P. JESTAZ, LGDJ, 2003, n° 254 : « Par le choix des valeurs mobilières qu'il effectue, le propriétaire manifeste une recherche particulière, soit de sécurité, soit de maximisation des bénéfices, soit encore une recherche fiscale ou un équilibre de ces diverses perspectives. C'est cette stratégie patrimoniale qui constituerait l'affectation à laquelle sont rendues les diverses valeurs mobilières au sein de l'universalité ». V. aussi D. FIORINA, note sous Civ. 1ère, 12 nov. 1998, *D.* 1999. 633, n° 16 et s.

[303] R. LIBCHABER, « Le portefeuille de valeurs mobilières : bien unique ou pluralité de biens ? », *art. préc.*, n° 14.

qualification d'universalité de fait réside dans la caractérisation d'un *fructus* global ou d'une utilité propre dans l'usage, distincte de celle qui s'attache à chacun de ses éléments constitutifs. Il reste à déterminer si ce critère peut être vérifié à l'égard d'une universalité de droit.

2. L'application du critère à l'universalité de droit

169. Il ressort des développements qui précèdent que, pour qu'une masse de biens fasse l'objet d'un usufruit, elle doit avoir soit une utilité propre dans l'usage, soit une capacité à produire un *fructus* global.

170. Or ce critère n'est pas rempli en ce qui concerne la masse active du patrimoine. D'une part, celle-ci n'est pas susceptible de faire l'objet d'un usage particulier : elle se contente de réunir un ensemble d'éléments d'actif qui sont gérés indépendamment les uns des autres. D'autre part, il ne se dégage « aucune synergie propre, susceptible de faire naître des fruits autres que ceux des éléments »[304] qui la composent. Autrement dit, la masse active du patrimoine n'est pas en elle-même frugifère et elle n'est pas davantage dotée d'un *usus* global. Au total, n'ayant pas d'utilité propre, elle ne peut pas constituer un objet unique d'usufruit.

171. Il n'en va pas différemment pour les patrimoines d'affectation. Leur affectation ne se justifie pas par la recherche d'un *usus* ou d'un *fructus* global, mais uniquement par la volonté du législateur de soustraire, en tout ou partie, les éléments d'actif qui les composent au droit de gage général des créanciers personnels de leur titulaire. L'affectation du patrimoine n'a ni les mêmes ressorts ni les mêmes conséquences que l'affectation d'éléments d'actifs, homogènes ou hétérogènes, à une universalité de fait.

---

[304] A. DENIZOT, *thèse préc.*, n° 501.

§ II. L'incompatibilité avec le régime de l'universalité de droit

172. L'incompatibilité des notions d'usufruit et d'universalité de droit, que l'on vient de mettre en lumière, se prolonge par une incompatibilité de leurs régimes respectifs. Cette incompatibilité est double. Elle concerne aussi bien le régime de l'actif (A) que celui du passif (B).

A. Le régime de l'actif

173. Si l'usufruit universel avait pour objet le patrimoine en tant qu'universalité de droit, l'usufruitier devrait pouvoir librement gérer le contenu de la masse active. En outre, les éléments composant cette masse devraient être seuls fongibles à l'égard des créanciers de l'usufruitier. On envisagera d'abord la gestion de la masse active (1) puis la fongibilité des éléments la composant (2).

1. La gestion de la masse active

174. Comme chacun le sait, le contenu de la masse active du patrimoine est mouvant. En effet, ses éléments « peuvent varier, ils peuvent disparaître, ils peuvent s'accroître, mais ce ne sont là que des changements internes dans la consistance actuelle du patrimoine, qui n'affectent absolument pas le patrimoine considéré comme une universalité »[305]. Autrement dit, le titulaire du patrimoine est libre d'aliéner, à titre onéreux comme à titre gratuit, les éléments qui en composent la masse active. Le patrimoine n'étant qu'un réceptacle, son existence comme universalité de droit n'est pas affectée par les variations que subit son actif.

175. Dans ces conditions, si l'usufruit universel avait pour objet le patrimoine comme universalité de droit, l'usufruitier devrait pouvoir aliéner les éléments de sa masse active, sans qu'une quelconque atteinte à la substance de la chose objet de son droit ne puisse lui être reprochée. Tel est d'ailleurs l'intérêt de la qualification d'universalité de fait en matière d'usufruit. L'objectif

---

[305] C. LARROUMET et A. AYNÈS, *Traité de droit civil, t. 1, Introduction à l'étude du droit privé*, 2013, n° 411.

est alors d'autoriser l'usufruitier à gérer de manière dynamique l'ensemble des éléments constitutifs de cette universalité, en procédant aux aliénations et remplois nécessaires au maintien ou à l'accroissement de sa substance[306]. Par analogie, tel devrait être le cas pour l'usufruitier universel. Par exemple, le conjoint survivant, usufruitier universel du patrimoine du défunt, devrait pouvoir librement vendre ou donner l'un quelconque des biens meubles ou immeubles composant la succession. Or il est bien évident que tel n'est pas le cas. Le conjoint survivant n'est titulaire d'aucun droit de disposer mais doit au contraire conserver la substance des choses qui figurent dans la masse active du patrimoine afin de les restituer à l'extinction de l'usufruit[307]. Il n'en irait autrement qu'à l'égard des choses susceptibles de quasi-usufruit. En réalité, il est clair que le caractère universel de l'usufruit désigne simplement la vocation de l'usufruitier à jouir de toutes les choses appartenant, actuellement ou en puissance, au nu-propriétaire. La masse active du patrimoine objet de l'usufruit universel ne doit pas être appréhendée *ut universi* mais *ut singuli*, élément par élément. Tel est d'ailleurs bien le sens des articles 757 et 1094 -1 c. civ. qui prévoient que le conjoint peut bénéficier de la totalité des biens existants et non pas de la totalité d'un patrimoine pris comme universalité de droit.

---

[306] Sur l'idée selon laquelle la conservation peut impliquer le remplacement des biens qui composent l'ensemble, v. N. KILGUS, *thèse préc.*, n° 573 et s. ; M. FABRE, *thèse préc.*, n° 564 et s.

[307] V. en ce sens Civ. 1ère, 21 juill. 1987, n° 86-12.285, inédit, dans lequel la Cour de cassation a jugé que le legs de l'usufruit de la totalité des biens laissés par le défunt ne permet pas à l'usufruitier de disposer desdits biens : « Mais attendu, d'abord, que contrairement à ce que soutient le moyen, les juges du fond ont recherché quelle avait été l'intention du testateur et que, dans l'exercice de leur pouvoir souverain d'interprétation, ils ont décidé qu'en employant l'expression "Melle J. B. ... pourra, comme bon lui semble, jouir de tous mes biens jusqu'à sa mort" et non celle "pourra en disposer" le défunt avait entendu gratifier sa compagne d'un usufruit pour qu'après le décès de celle-ci la pleine propriété des biens revienne à ses neveu et nièce institués nus-propriétaires ; Et attendu ensuite que le legs de residuo impliquant le pouvoir du gratifié de disposer des biens légués pour n'en transmettre après son décès que ce qu'il en restera, la Cour d'appel, après avoir constaté que Mme B. n'avait que la jouissance des biens, à charge d'en conserver la substance pour les nus-propriétaires, en a déduit à bon droit que le testament litigieux ne contenait aucun legs de residuo ».

2. La fongibilité des éléments composant la masse active

176. L'universalité de droit se caractérise non seulement par sa liberté de gestion mais aussi par la fongibilité des biens composant sa masse active[308] : comme l'écrit M. Dross, « s'il est évident que, matériellement parlant, les biens composant le patrimoine d'une personne ne sont pas fongibles à son égard puisqu'ils ne lui procurent pas les mêmes utilités, ils le sont en revanche au regard de ses créanciers »[309], en ce sens qu'ils sont « susceptibles d'être saisis et réalisés en argent »[310].

177. Cette fongibilité est effectivement à l'œuvre s'agissant des biens qui composent la masse active du patrimoine objet de l'usufruit universel, en ce sens que les créanciers de l'usufruitier peuvent saisir les choses sur lesquelles s'exerce son droit d'usufruit[311]. Toutefois, l'assiette de leur droit de gage général ne se limite pas à cet usufruit. Elle comprend plus largement l'ensemble des droits qui figurent à l'actif du patrimoine de l'usufruitier. Il en résulte que la fongibilité qui est à l'œuvre au profit des créanciers de l'usufruitier est celle des droits inclus dans le patrimoine de ce dernier et non pas celle des droits compris dans le patrimoine objet de son usufruit. Cette fongibilité du droit d'usufruit universel et des autres droits dont l'usufruitier est titulaire révèle qu'à l'égard de ses créanciers, le patrimoine objet de l'usufruit universel n'existe pas en tant qu'universalité de droit.

178. Si l'on résume, la notion d'universalité de droit, réceptacle de deux masses, l'une active et l'autre passive, est incompatible avec celle d'usufruit. Non seulement l'usufruit ne saurait avoir pour objet

---

[308] V. par ex. F. ZENATI-CASTAING et T. REVET, *Les biens*, PUF, 3e éd., n° 134. V. déjà R. GARY, *Les notions d'universalité de fait et d'universalité de droit : Contribution à l'étude de la science du droit civil dans son état actuel*, préf. J. BONNECASE, Dalloz, 1932, p. 305 : « Dans les universalités de droit, les éléments se substituent les uns aux autres sans qu'au point de vue juridique rien ne soit changé pour la bonne raison que ces éléments ont été considérés du point de vue de leur caractère économique et non pas dans leur individualité respective ».

[309] W. DROSS, *op. cit.*, n° 423-1.

[310] W. DROSS, *op. cit.*, n° 423-1.

[311] V. par ex. Civ. 1ère, 15 mai 2019, n° 18-12.779, pub. *Bull.*

des dettes, mais encore l'incapacité de la masse active du patrimoine à produire un *fructus* global ou à présenter une utilité propre dans son usage exclut qu'elle puisse être considérée comme un objet de droit autonome, distinct des éléments la composant. Dans le même sens, les règles de l'universalité de droit sont incompatibles avec le régime de l'usufruit. D'une part, l'obligation faite à l'usufruitier de conserver la substance de la chose objet de son droit ne se concilie pas avec la gestion dynamique d'un patrimoine. D'autre part, la masse des biens soumis à l'usufruit universel n'a aucune unité à l'égard des créanciers de l'usufruitier. En effet, les éléments qui la composent viennent se fondre avec ceux du patrimoine propre de l'usufruitier. En réalité, si l'usufruit universel a bien pour objet le patrimoine, c'est uniquement en tant que masse active hétérogène, c'est-à-dire en tant qu'addition d'éléments d'actif considérés *ut singuli*. La logique de l'universalité de droit ainsi prise en défaut quant à l'actif, l'est également si l'on se tourne vers le régime du passif.

B. Le régime du passif

179. Si l'analyse selon laquelle l'usufruit universel a pour objet le patrimoine comme universalité de droit était exacte, l'usufruitier devrait être tenu de charges usufructuaires représentant la contrepartie de la jouissance de la masse active considérée *ut universi*. Tel est précisément le sens que la jurisprudence et la doctrine prêtent à l'article 612 c. civ.

180. On rappellera que ce texte traite du règlement du passif successoral en présence d'un usufruit universel ou à titre universel. Il prévoit en son alinéa 3 que « si l'usufruitier veut avancer la somme pour laquelle le fonds doit contribuer, le capital lui en est restitué à la fin de l'usufruit sans aucun intérêt ». En revanche, si « l'usufruitier ne veut pas faire cette avance », l'alinéa 4 c. civ. offre au nu-propriétaire « le choix, ou de payer cette somme et, dans ce cas, l'usufruitier lui tient compte des intérêts pendant la durée de l'usufruit, ou de faire vendre jusqu'à due concurrence une portion des biens soumis à l'usufruit ».

181. En application de cet article, la Cour de cassation a jugé que seul le nu-propriétaire, en sa qualité de continuateur de la personne du défunt, pouvait être poursuivi en paiement de l'intégralité du passif successoral, l'obligation de l'usufruitier à la dette se limitant quant à elle aux intérêts de ce passif[312]: En outre et surtout, elle a qualifié ces intérêts « de charge des fruits »[313].

182. Cette qualification a une conséquence fondamentale. En effet, si les intérêts du passif sont la charge des fruits, il faut nécessairement en déduire qu'ils sont la charge des fruits engendrés par l'objet de l'usufruit universel, lequel ne peut s'entendre que du patrimoine successoral, c'est-à-dire d'un patrimoine entendu *ut universi.*

183. Si la doctrine n'est pas toujours explicite sur ce point, en ce sens qu'elle se contente de reprendre la qualification de charge des fruits, quelques auteurs ont le mérite de mettre en lumière la déduction que l'on vient d'exposer. Ainsi, Christian Larroumet et Mme Mallet-Bricout écrivent qu'« il résulte de l'article 612 que le nu-propriétaire est tenu de la dette en capital et l'usufruitier de la dette en intérêts, ce qui correspond aux charges usufructuaires. Ces dispositions sont parfaitement logiques en ce qu'elles concernent une universalité de droit, laquelle comprend un actif et un passif »[314]. MM. Zenati-Castaing et Revet vont dans le même sens, quoique de

---

[312] Civ. 2e, 18 janv. 2005, n° 02-30.577, pub. *Bull ; D.* 2005. Pan. 2119, obs. V. BRÉMOND ; *RJPF* 2005-5/43, note J. CASEY ; *Dr. fam.* 2005, n° 257, note A. DEVERS. Cet arrêt énonce, au visa des articles 612 et 724 c. civ., que « si l'usufruitier universel ou à titre universel est tenu de contribuer aux dettes dans les proportions et de la manière indiquée par ces textes et si le créancier a le droit de le poursuivre directement dans ces limites, ce créancier n'en conserve pas moins celui de poursuivre directement l'héritier comme il aurait pu poursuivre le défunt dont il est le continuateur sauf tel recours que de droit de sa part ». V. déjà, Civ. 1re, 16 mai 1960, *Bull. civ.* I, n° 259 ; *D.* 1960. 681 (2e esp.), note G. HOLLEAUX ; *JCP* 1961. II. 12148, note A. PONSARD ; 8 avr. 1970, *Bull. civ.* I, n° 108 ; 11 févr. 1981, n° 79-14.070, pub. *Bull.* ; *JCP* 1981. II. 19693, note P. REMY ; *RTD civ.* 1981. 884, obs. J. PATARIN.

[313] Civ. 1ère, 9 déc. 2003, n° 99-17.576, pub. *Bull.* : « le conjoint survivant, usufruitier légal du quart des biens de la succession en présence d'un enfant issu du mariage, est tenu, à proportion de sa vocation, des seuls intérêts de la dette successorale, qui sont la charge des fruits ».

[314] C. LARROUMET et B. MALLET-BRICOUT, *op. cit.*, n° 468.

façon plus détournée. Après avoir précisé que « l'usufruit porte fréquemment sur une universalité en matière successorale », ils s'intéressent à « la question de la charge du passif » et écrivent, à propos de ses intérêts, qu'ils « incombent à l'usufruitier, comme toutes les charges périodiques »[315]. Les charges périodiques étant les charges usufructuaires et l'usufruit étant considéré comme portant sur une universalité, il faut nécessairement en déduire que les intérêts sont la charge des fruits produits par l'universalité. En réalité, une telle présentation ne convainc pas.

184. En effet, comme on l'a vu, la masse active du patrimoine n'est pas en elle-même frugifère : contrairement à une universalité de fait comme le fonds de commerce, elle n'engendre aucun *fructus* global[316]. Il en résulte que les intérêts du passif successoral ne sauraient être qualifiés de charge des fruits que cette masse produirait. Au demeurant, ils ne sauraient même pas être considérés comme la charge des fruits produits par les choses composant l'actif. En effet, l'art. 608 c. civ. prévoit que « l'usufruitier est tenu, pendant sa jouissance, de toutes les charges annuelles de l'héritage, telle que les contributions et autres qui, dans l'usage, sont censées charges des fruits ». Ce texte établit donc un lien entre la chose objet de l'usufruit et les dettes auxquelles l'usufruitier est tenu. Autrement dit, les charges usufructuaires correspondent à des dettes qui naissent à l'occasion de la jouissance de la chose par l'usufruitier[317]. L'usufruitier est pour cette raison tenu les acquitter intégralement,

---

[315] F. ZENATI-CASTAING et T. REVET, *op. cit.*, n° 321 : « L'usufruit peut avoir pour objet une universalité de fait ou une universalité de droit (...). L'usufruit porte fréquemment sur une universalité en matière successorale, le conjoint survivant ayant le plus souvent des droits en usufruit portant sur tout ou partie de l'ensemble des biens du défunt. En plus des problèmes communs à toutes les universalités, se posera ici la question de la charge du passif. *A priori*, c'est au propriétaire qu'il appartient de régler les dettes du patrimoine qu'il reçoit, lesquelles sont une charge de l'actif, donc avant tout du capital. Mais le propriétaire n'a aucun intérêt à fournir un effort financier pour des biens dont la jouissance lui échoira bien plus tard. Il peut se prémunir contre les poursuites des créanciers en acceptant la succession à concurrence de l'actif net (art. 787 et s. C. civ.). Quant aux intérêts moratoires qui s'accumuleront jusqu'au paiement qu'il effectuera à la fin de l'usufruit, il n'a guère à s'en soucier car ils incombent à l'usufruitier, comme toutes les charges périodiques ».

[316] V. *supra* n° 170.

[317] Impôts fonciers, dépenses liées à l'entretien du bien...

capital et intérêts compris, contrairement à la solution prévue à l'article 612.

185. Si les intérêts du passif ne sont pas des charges usufructuaires, que sont-ils alors ? En réalité, ils ne sont rien d'autre que des intérêts moratoires s'attachant à des dettes qui sont par définition nées du vivant du *de cujus*, c'est-à-dire avant l'établissement de l'usufruit. Ils ne trouvent pas leur source dans la jouissance des biens par l'usufruitier mais dans le retard de paiement de dettes antérieures à l'entrée en jouissance. Autant dire qu'il n'existe aucun rapport entre la contribution de l'usufruitier au passif successoral et la jouissance des fruits fournis par les choses objet de son droit.

186. Comment expliquer alors la règle légale ? En réalité, si le législateur a décidé de mettre à la charge de l'usufruitier universel les seuls intérêts du passif successoral, c'est sans doute parce qu'il a pris en compte le caractère temporaire de son droit. Si, en raison de l'assiette élargie de sa jouissance, l'équité commandait de mettre à la charge de l'usufruitier universel une partie du passif, cette même équité plaidait néanmoins en faveur d'une distinction entre la contribution de l'usufruitier et celle des héritiers ayant vocation à récupérer la pleine propriété des biens à l'extinction de l'usufruit. D'où la distinction entre le capital, mis à la charge du nu-propriétaire, et les intérêts incombant à l'usufruitier universel[318]. Il demeure que cette répartition est assez arbitraire. Une juste répartition consisterait à tenir compte de « la valeur réelle des émoluments recueillis par l'usufruitier et le nu-propriétaire » [319]. Dans cette perspective, la solution la plus juste correspondrait à celle, actuellement facultative, qui est prévue à l'article 612 alinéa 4 c. civ. Selon cette disposition, le nu-propriétaire peut faire vendre jusqu'à due concurrence du passif une portion des biens soumis à l'usufruit. Le nu-propriétaire et l'usufruitier contribuent

---

318 Il faut ici préciser que les intérêts du passif successoral s'entendent exclusivement des intérêts moratoires qui sont nés après l'ouverture de la succession, car ceux échus antérieurement auront été intégrés au capital pour former le passif successoral.

319 V. BRÉMOND, note sous Civ. 1ère, 9 déc. 2003, n° 99-17.573, *D.* 2004. 2336.

alors à concurrence de la valeur de leurs droits, de sorte que l'usufruit s'établit sur un actif net.

187. Si l'on résume, lorsque l'usufruit naît au décès du propriétaire, il n'est pas rare que son assiette comprenne l'ensemble des biens laissés par le défunt. Si la doctrine a coutume d'analyser cet usufruit universel comme ayant pour objet le patrimoine en tant qu'universalité de droit, cette présentation est en réalité erronée. En effet, les notions d'usufruit et d'universalité de droit, de même que leurs régimes sont incompatibles. L'usufruit universel n'est rien d'autre que l'usufruit de l'ensemble des choses, prises *ut singuli*, dont le défunt était propriétaire. Il en résulte que le régime de l'usufruit s'applique au rapport de l'usufruitier avec chaque chose prise isolément. La règle de contribution de l'usufruitier universel au passif successoral ne dément pas cette conclusion. Si l'usufruit est tenu des seuls intérêts du passif, ce n'est pas parce qu'ils constituent des charges usufructuaires. Le choix du législateur, qui recèle une part d'arbitraire, s'explique par le caractère temporaire de l'usufruit. À l'inverse, si le nu-propriétaire est tenu du capital, c'est-à-dire d'une fraction plus importante de la dette, c'est parce qu'il a vocation à recouvrer la pleine propriété des choses à l'extinction de l'usufruit.

188. En conclusion, une fois l'usufruit des droits mis à l'écart, la définition de l'usufruit en un droit réel s'exerçant sur les choses peut être doublement confirmée. D'une part, l'usufruit s'adapte parfaitement aux choses incorporelles que constituent les biens intellectuels. Il en va d'ailleurs de même, corrélativement, du droit de propriété lui-même. D'autre part, l'usufruit universel ne présente aucune spécificité au regard de son objet. Il ne s'exerce pas sur un patrimoine, mais sur l'ensemble des choses, prises *ut singuli*, dont le défunt était propriétaire.

Conclusion générale

189. Quiconque s'interroge sur l'objet de l'usufruit constate que le champ de la réflexion est vaste, éparpillé entre le monde des choses et celui des droits, fragmenté par des querelles enracinées, et tourmenté par des usufruits en apparence inclassables, comme ceux portant sur des universalités, en particulier le patrimoine.

190. Bien sûr, tant que l'on progresse parmi les choses corporelles, le terrain est confortable et le pas assuré. La difficulté surgit dès que l'on s'en éloigne pour aborder la question de savoir si l'usufruit peut avoir un objet incorporel. Ici en effet le désordre commence et les chemins se divisent. Les uns, fermement attachés à la conception classique des droits réels, considèrent que l'usufruit, comme la propriété, ne peut avoir pour objet que des choses corporelles. Ils sont alors contraints de soutenir que les autres droits d'usufruit, comme les autres droits de propriété, ne sont ni des vrais usufruits, ni des vraies propriétés, sans toutefois pouvoir spécifier ce qu'ils sont réellement. Les autres, au contraire, admettent une conception plus souple de l'usufruit, soit au prix d'une altération de sa définition comme droit de jouir de la chose d'autrui, soit au prix d'une dilution de la propriété, censée s'appliquer à toutes les choses, « dans l'acception la plus floue possible »[320], c'est-à-dire en y incluant tous les droits patrimoniaux, exceptée la propriété.

191. Il est toutefois possible d'emprunter une troisième voie, consistant à adopter une approche néo-classique des droits réels. Celle-ci refuse la dilution du droit de propriété par l'extension de son objet aux droits patrimoniaux et le cantonne aux seules choses. Toutefois, contrairement à la conception classique, elle en accepte l'élargissement aux choses incorporelles. Elle constitue ainsi une voie médiane entre la conception classique, trop restrictive, et la théorie néo-personnaliste, défendue par Ginossar et ses successeurs,

[320] R. LIBCHABER, v° Biens, *art. préc.*, n° 5.

au contraire trop extensive[321]. Cette conception néo-classique, qui a été soutenue sur le terrain de la propriété[322], peut être transposée au droit d'usufruit. Elle en éclaire alors le fonctionnement.

192. En premier lieu, elle conduit à requalifier l'usufruit d'un usufruit en un sous-usufruit portant sur la chose objet de l'usufruit primaire. En deuxième lieu, elle permet d'écarter la figure baroque de l'usufruit des droits de créance, en montrant que ceux-ci peuvent tout au plus, dans le cas des créances monétaires, être des vecteurs d'usufruit, celui-ci ayant alors pour objet les sommes dues par le débiteur, c'est-à-dire la chose due. En troisième lieu, l'usufruit des parts sociales peut être reconstruit sur ce même schéma, dès lors que l'on admet qu'elles ne sont que des instruments d'appropriation de l'actif social.

193. Symétriquement, la pertinence de la conception néo-classique des droits réels se trouve corroborée par l'étude de l'usufruit des biens intellectuels et par celle de l'usufruit du patrimoine. D'une part, l'usufruit des biens intellectuels se coule aisément dans le modèle de l'usufruit des choses corporelles. Il n'y a lieu ni de faire porter l'usufruit sur les droits d'exploitation, ni d'en modifier la conception formulée par le code civil. D'autre part, l'usufruit du patrimoine, prévu par le code civil en matière successorale, n'a pas pour objet le patrimoine en tant qu'universalité de droit mais tout simplement l'ensemble des choses, corporelles et incorporelles, considérées *ut singuli*, dont le défunt était propriétaire. Ici encore il n'est pas besoin de réviser la définition de l'usufruit.

---

[321] Cette théorie trouve une expression paroxystique dans la préface de M. Revet à la thèse de J. Laurent (*thèse préc.*). M. Revet affirme que « la propriété des droits n'est pas une option, une explication possible parmi d'autres ».

[322] V. J. FRANÇOIS, « Les créances sont-elles des biens ? », *art. préc.*, n° 47 : « Cette définition [celle des biens], ouverte à la discussion, est en quelque sorte transactionnelle. Elle emprunte aux modernes pour ce qui concerne la propriété, dégagée du ghetto dans lequel l'ont enfermé les classiques. La propriété n'y est pas considérée comme un droit réel patrimonial s'incarnant dans l'immuable triptyque de l'*usus*, du *fructus* et de l'*abusus*, mais en une relation d'appartenance dont le contenu s'adapte à la chose corporelle ou incorporelle appropriée. En contrepartie, la propriété n'est pas non plus applicable à n'importe quel objet. Contrairement aux modernes, il est permis de penser qu'elle ne gouverne pas le rapport externe du titulaire avec ses droits patrimoniaux ».

194. Finalement, l'approche néo-classique des droits réels se trouve confirmée par l'étude de l'objet de l'usufruit. L'usufruit, comme la propriété, s'applique à toutes les choses, mais seulement aux choses, à l'exclusion des droits et du patrimoine.

Bibliographie

Manuels

AUBRY et RAU, *Cours de droit civil français d'après la méthode de Zachariae*, t. 2, Cosse, Marchal et Cie, 14e éd. 1869

J.-L. BERGEL, M. BRUSCHI et S. CIMAMONTI, *Traité de droit civil* (dir. J. GHESTIN). *Les biens*, 2e éd., LGDJ

N. BINCTIN, *Droit de la propriété intellectuelle. Droit d'auteur, brevet, droits voisins, marque, dessins et modèles*, LGDJ, 8e éd., 2024

J. CARBONNIER, *Droit civil – Les biens*, t. 3, PUF, 19e éd.

C. CARON, *Droit d'auteur et droits voisins*, LexisNexis, 5e éd., 2017

A. COLIN et H. CAPITANT, *Cours élémentaire de droit civil français*, T. 1, Dalloz, 6e éd., 1930

G. DECOCQ, C. GRIMALDI, J. HUET, H. LÉCUYER, *Les principaux contrats spéciaux*, LGDJ, 3e éd., 2012

C. DEMOLOMBE, *Cours de code Napoléon*, t. 9, *Traité de la distinction des biens*, t. 1, Durand, 2e éd., 1861

W. DROSS, *Droit civil. Les choses*, LGDJ, 2012

P.-Y. GAUTIER et N. BLANC, *Droit de la propriété littéraire et artistique*, LGDJ, 2e éd., 2023

J. GHESTIN, M. BILLIAU et G. LOISEAU, *Traité droit civil, Le régime des créances et des dettes*, LGDJ, 2005

C. GRIMALDI, *Droit des biens*, LGDJ, 4e éd., 2024

M. GRIMALDI, *Droit des successions*, LexisNexis, 8e éd. 2020

C. LARROUMET et A. AYNÈS, *Traité de droit civil, t. 1, Introduction à l'étude du droit privé*, 2013

C. LARROUMET et B. MALLET-BRICOUT, *Traité de droit civil, t. 2, Les biens, les droits réels principaux*, Economica, 6e éd., 2019

A. LUCAS, H.-J. LUCAS, et A. LUCAS-SCHLOETTER, *Traité de la propriété littéraire et artistique*, LexisNexis, 4e éd., 2012

J. RAYNARD et J.-B. SEUBE, *Contrats spéciaux*, Litec, 11e éd., 2024

G. RIPERT et R. ROBLOT, *Traité de droit commercial*, t. 1, vol. 2, *Les sociétés commerciales*, par M. GERMAIN, avec le concours de V. MAGNIER, LGDJ, 19e éd., 2009

J. ROCHFELD, *Les grandes notions du droit privé*, PUF, 2e éd., 2013

Y. STRICKLER, *Droit des biens*, LGDJ, 2017

F. TERRÉ, F. CHÉNÉDÉ, Y. LEQUETTE et P. SIMLER, *Les obligations*, Dalloz, 13e éd., 2022

F. TERRÉ, P. SIMLER et V. FORTI, *Les biens*, Dalloz, 11e éd., 2024

M. VIVANT et J.-M. BRUGUIÈRE, *Droit d'auteur et droits voisins*, Dalloz, 5e éd., 2024
F. ZENATI-CASTAING et T. REVET, *Les biens*, PUF, 3e éd., 2008

Thèses et monographies

L. ANDREU, *Du changement de débiteur*, préf. D. R. MARTIN, Dalloz, 2010
J. AUDIER, *Les droits patrimoniaux à caractère personnel*, préf. P. KAYSER, LGDJ, 1975
P. BERLIOZ, *La notion de bien*, préf. L. AYNÈS, LGDJ, 2007
N. BLANC, *Les contrats du droit d'auteur à l'épreuve de la distinction des contrats nommés et innommés*, préf. P.-Y. GAUTIER, Dalloz, 2010
P. CROCQ, *Propriété et garantie*, préf. M. GOBERT, LGDJ, 1995
J. DABIN, *Le droit subjectif*, préf. C. ATIAS, Dalloz, 2008 (rééd. 1952)
A. DENIZOT, *L'universalité de fait*, préf. R. LIBCHABER, LGDJ, 2008
J. DERRUPÉ, *La nature juridique du droit du preneur à bail et la distinction des droits réels et des droits de créance*, préf. J. MAURY, Dalloz, 1952
M. FAVRE, *L'usufruit atypique. Étude critique de la notion de démembrement de la propriété*, préf. C. BRENNER, LGDJ, 2020
C. FARGIER-BEDARD, *L'usufruit des valeurs mobilières*, dir. Y. GUYON, thèse dactyl., 2000, Paris 1
R. GARY, *Les notions d'universalité de fait et d'universalité de droit : Contribution à l'étude de la science du droit civil dans son état actuel*, préf. J. BONNECASE, Dalloz, 1932
S. GINOSSAR, *Droit réel, propriété et créance. Élaboration d'un système rationnel des droits patrimoniaux*, Paris, LGDJ, 1960
D. HIEZ, *Étude critique de la notion de patrimoine en droit français actuel*, préf. P. JESTAZ, LGDJ, 2003
A. HONTEBEYRIE, *Le fondement de l'obligation solidaire*, préf. L. AYNÈS, Economica, 2004
M. JULIENNE, *Le nantissement de créance*, préf. L. AYNÈS, Economica, 2012
P. KAMINA, *L'utilisation finale en propriété intellectuelle*, thèse, Poitiers, 1996
N. KILGUS, *L'usufruit des biens incorporels. Contribution à la nature juridique de l'usufruit*, préf. E. NAUDIN et G. WIEDERKEHR, Defrénois, 2018
A. LAHOVARY, *Du dominium ou droit de propriété en droit romain. Du régime de la propriété foncière au point de vue des droits réels qui peuvent être détachés dans l'ancien droit français et dans le droit actuel*, thèse, Paris, éd. E. Thunot et Cie, 1865

B. LARONZE, *L'usufruit des droits de propriété intellectuelle*, préf. F. COLLART-DUTILLEUL et A. LUCAS, PU Aix-Marseille, 2006
J. LAURENT, *La propriété des droits*, préf. T. REVET, LGDJ, 2012
V. MERCIER, *L'apport du droit des valeurs mobilières à la théorie générale du droit des biens*, préf. D. PORACCHIA, PUAM, 2005
R. MONIER, *Cours Droit romain approfondi, Du mancipium au dominium, Essai sur l'apparition, et le développement de la notion de propriété en Droit romain*, Cours de droit, 1946
J.-M. MOUSSERON, *Contribution à l'analyse objective du droit du brevet d'invention*, thèse Montpellier, 1960
K. MOYA, *La jouissance des choses*, préf. T. REVET, LGDJ, 2023
J. NÉRET, *Le sous-contrat*, préf. P. Catala, LGDJ, 1979
B. PARANCE, *La possession des biens incorporels*, préf. L. AYNÈS, avant-propos F. TERRÉ, LGDJ, Bibliothèque de l'Institut André Tunc, 2008
F. PAUL, *Les choses qui sont dans le commerce au sens de l'article 1128 du code civil*, préf. J. GHESTIN, LGDJ, 2002
A. PÉLISSIER, *Possessions et meubles incorporels*, préf. M. CABRILLAC, Dalloz, 2001
C. PRODAN, *Essai d'une théorie générale des droits réels*, Paris, Imprimerie Henri Jouve, 1909
A. RABREAU, *L'usufruit des droits sociaux*, préf. J.-C. HALLOUIN, Litec, 2006
L. RIGAUD, *Le droit réel. Histoire et théories. Son origine institutionnelle*, thèse Toulouse, 1912
G. RIPERT, *Les forces créatrices du droit*, LDGJ, 1955
V. RANOUIL, *La subrogation réelle en droit français*, préf. P. MALAURIE, LGDJ, 1985
T. REVET, *La force de travail (étude juridique)*, préf. F. ZENATI, Litec, coll. Bibliothèque de l'entreprise, 1992
R. SAVATIER, *Les métamorphoses économiques et sociales du droit privé d'aujourd'hui*, t. 3, Dalloz, 1959
P. SAUTAI, *L'usufruit des valeurs mobilières*, Dalloz, 1925
C. SIMLER, *Droit d'auteur et droit commun des biens*, préf. C. CARON, avant-propos Y. REBOUL, LexisNexis, 2010
A. TADROS, La jouissance des titres sociaux d'autrui, préf. T. REVET, Dalloz, 2013
F. ZENATI, *Essai sur la nature juridique de la propriété. Contribution à la théorie du droit subjectif*, thèse Lyon III, 1981

Articles

P. ANCEL, Force obligatoire et contenu obligationnel du contrat », *RTD civ.* 1999. 771

L. AYNÈS, « Usufruit, droit d'usage », *Rev. Sociétés* 1999. 593

L. AYNÈS, « Propos introductifs. Les caractères de l'usufruit », *Droit et pat.*, mai 2005, p. 42

H. BATIFFOL, « Problèmes contemporains de la notion de biens », *Les biens et les choses en droit, APD* 1979, p. 9

J.-M. BRUGUIÈRE, « L'immatériel à la trappe ? », *D.* 2006. 2804

C. CARON, « Brèves observations sur l'usufruit en droit de la propriété intellectuelle », *Droit et patrimoine* 2005, n° 137

P. CATALA, « La transformation du patrimoine dans le droit civil moderne », *RTD civ.* 1966, p. 165 et s.

A. CHAMOULAUD-TRAPIERS, v° Usufruit, *Rep. droit civil*, Dalloz, 2012, act. 2025

F. DEBOISSY, « Traitement du quasi-usufruit : entre optimisation et limites », *L'usufruit – Travaux de l'Association Henri Capitant*, p. 67

E. DESCHEEMAEKER, « "Personnes" sans personne et "choses" sans chose. De deux hystérèses en droit civil », *RTD civ.* 2025.1

DE VAREILLES-SOMMIERES, « La définition et la notion juridique de la propriété », *RTD civ.* 1905. 443 et s.

E. DOCKÈS, « Essai sur la notion d'usufruit »

M. FABRE-MAGAN, « Le mythe de l'obligation de donner », *RTD civ.* 1996. 85

M. FABRE-MAGAN, « Propriété, patrimoine et lien social », *RTD civ.* 1997. 583

D. FIORINA, « L'usufruit d'un portefeuille de valeurs mobilières », *RTD civ.* 1995, p. 43

J. FRANÇOIS, « Les créances sont-elles des biens », *Liber amirocum Christian Larroumet*, Economica, 2010, p. 149 et s.

A. FRANÇON, « L'usufruit des créances », *RTD civ.* 1957. 3

P.-Y GAUTIER, « La propriété littéraire et artistique et le droit patrimonial de la famille (Rapport de synthèse) », *Defrénois* 2001, n° 37413

S. GINOSSAR, « Pour une meilleure définition du droit réel et du droit personnel », *RTD civ.* 1962. 573

M. GRIMALDI, « Notariat et libéralités. Rapport de synthèse des 4e rencontres Notariat-Université », *Defrénois* 1995, p. 3 et s.

H. HOVASSE, « Qualification du portefeuille de valeurs mobilières », *RDBF* 1999, n° 71, p. 1

A. LE BAYON, « L'usufruit des parts sociales », *Rev. sociétés* 1973.435

J. LEBLOND, « Des droits respectifs du nu-propriétaire et de l'usufruitier dans les bénéfices, les réserves, les remboursements et amortissements de capital, ainsi que dans les augmentations de capital en numéraire ou par incorporation de réserves », *Gaz. Pal.* 1956.2, doctr. 1
A. LECOURT, v° Apports, *Rép. des sociétés*, janv. 2024
H. LÉCUYER, « Usufruit et portefeuille de valeurs mobilières », *Droit et patr.*, mai 2005, p. 57
R. LIBCHABER, « Le portefeuille de valeurs mobilières : bien unique ou pluralité de biens ? », *Defrénois*, 1997. 65
R. LIBCHABER, « L'usufruit des créances existe-t-il ? », *RTD civ.* 1997.615
R. LIBCHABER, « Pour un renouvellement de l'analyse des droits sociaux », *Aspects actuels du droit des affaires. Mélanges en l'honneur de Yves Guyon*, Dalloz, 2003
R. LIBCHABER, « La recodification du droit des biens », *Le Code civil, 1804-2004, Livre du Bicentenaire,* Dalloz-Litec, 2004, p. 297 et s.
R. LIBCHABER, « Une cession temporaire d'usufruit ? », *Defrénois* 2008. 1656
R. LIBCHABER, v° Biens, *Rép. civ.*, Dalloz, 2016, actualisation 2019
J.-P. MARGUÉNAUD et B. DAUCHEZ, « L'usufruit sur droits d'auteur », *Defrénois*, 2004. 1695
D. R. MARTIN, « De la nature corporelle des valeurs mobilières (et autres droits scripturaux) », *D.* 1996, Chron. 47
D. R. MARTIN, « L'apport du droit de l'entreprise au droit des biens », *Cah. dr. entr.*, 1997, supplément n° 2, p. 15
D. R. MARTIN, « Valeurs mobilières : défense d'une théorie », *D.* 2001, Chron. 1228
D. R. MARTIN, « La théorie de la scripturalisation », *D.* 2005. Chron. 1702 ; « Usufruit et propriété de droits sociaux », *D.* 2009. 2444
M. MIGNOT, « La notion de biens. Contribution à l'étude du rapport entre droit et économie », *Revue de la Recherche Juridique - Droit prospectif*, 2006. 4, p. 1807 et s.
J.-M. MOUSSERON, « Valeurs, biens, droits », *Mélanges en hommage à André Breton et Fernand Derrida*, Dalloz, 1991, p. 277 et s.
J.-M. MOUSSERON, RAYNARD et T. REVET, « De la propriété comme modèle », *Mélanges offerts à André Colomer*, Litec, 1993, p. 281 et s.
H. PÉRINET-MARQUET, « Regard sur les nouveaux biens », *JCP G* 2010, p. 352 et s.
S. PIEDELIÈVRE, « Le matériel et l'immatériel. Essai d'approche de la notion de bien », *Aspects du droit privé en fin du 20e siècle, Études réunies en l'honneur de Michel de Juglart*, LGDJ, éd. Montchrestien et éd. Techniques, 1986, p. 55 et s.
S. PIEDELIÈVRE, v° Fruits, *Rép. droit civil*, Dalloz, 2022

A. PIETRANCOSTA, « Usufruit et droit des sociétés », *Droit et pat.*, mai 2005, p. 64
T. REVET, « Les nouveaux biens », *La propriété – Travaux de l'Association Henri Capitant*, Société de législation comparée, 2003, p. 271 et s.
M. ROBINEAU, « Assurance-vie et démembrement de propriété », *RGDA* 2005, p. 23 et s.
P. ROUBIER, « Droits intellectuels ou droits de clientèle », *RTD civ.* 1935, p. 251 et s.
R. SAVATIER, « Essai d'une présentation nouvelle des biens incorporels », *RTD civ.* 1958. p. 331 et s.
A. SÉRIAUX, « La notion juridique de patrimoine. Brèves notations civilistes sur le verbe avoir », *RTD civ.* 1994.801
P. SIRINELLI, « Le quasi-usufruit », *LPA* 26 juill. 1993, n° 89, p. 4 et s.
M. STORCK, « La propriété d'un portefeuille de valeurs mobilières », *Le droit privé français à la fin du XXe siècle, Études offertes à Pierre Catala,* Litec, 2001, p. 695
B. VAREILLE, « La muse oubliée : l'usufruit légal du conjoint survivant sur les droits patrimoniaux résultant de la propriété littéraire et artistique », *Études offertes aux Doyen Philippe Simler*, Dalloz-LexisNexis, 2006, p. 229 et s.
M. VILLEY, « L'idée de droit subjectif et les systèmes juridiques romains », *RHD* 1947, p. 201 et s.
A. WAHL, « Des droits respectifs de l'usufruitier et du nu-propriétaire sur les titres, leurs produits et leurs accessoires », *Journ. soc.* 1925.131
F. ZENATI, « Pour une rénovation de la théorie de la propriété », *RTD civ.* 1993. 305
F. ZENATI, « L'immatériel et les choses », *Le droit et l'immatériel, APD,* 1999, n° 43, p. 79 et s.
F. ZENATI, « La propriété, mécanisme fondamental du droit, *RTD civ.* 2006. 445
F. ZENATI, v° Usufruit de droit sociaux, *Rép. droit des sociétés*, 2003, actualisation fév. 2025

Notes de jurisprudence

L. AYNÈS, note sous Civ. 1ère, 12 nov. 1998, *D.* 1999. 167
J.-F. BARBIÈRI, « Usufruit de parts ou actions : quelques éléments de réflexion oubliés ? », *BJS*, sept. 2022, p. 47 et s
C. BARRILLON, « La nature juridique du report à nouveau », *BJS*, mai 2017, p. 345
V. BRÉMOND, note sous Civ. 1ère, 9 déc. 2003, n° 99-17.573, *D.* 2004. 2336

F. DANOS, comm. sous Civ. 3e, 19 sept. 2024, n° 22-18.687, pub. *bull.*, *JCP G* 2024, act. 1228
D. FIORINA, note sous Civ. 1ère, 12 nov. 1998, *D.* 1999. 133
N. JULLIAN, note sous Civ. 3e, 19 sept. 2024, n° 22-18.687, *Revue des sociétés* 2025. 55
N. KILGUS, note sous Civ. 3e 19 sept. 2024, n° 22-18.687, pub. Bull, *JCP E* 2024.1337
J. LAURENT, note sous Civ. 3e, 19 sept. 2024, n° 22-18.687, *D.* 2024. 1941
A. LECOURT, comm. sous Civ. 3e, 19 sept. 2024, n° 22-18.687, *RTD com.* 2024. 930
S. LE NORMAND-CAILLIÈRE, comm. sous Civ. 3e, 19 sept. 2024, n° 22-18.687, pub. Bull., *JCP N* 2025. 1058
R. MORTIER, note sous Civ. 1ère, 22 juin 2016, n° 15-19.471, pub. Bull., *BJS* oct. 2016, p. 570
H. REINHARD, note sous Com. 23 oct. 1990, n° 89-13.999, pub. *Bull.*, *D.* 1991. 173
T. REVET, obs. sous Com. 26 nov. 2006, n° 04-17.486, *RTD civ.* 2007. 149
P. SIMLER, obs. sous Civ. 1ère, 7 nov. 1995, n° 93-14.777, inédit, *JCP G* 1996. I. 3908
A. TADROS, comm. sous Civ. 3e, 11 juill. 2024, n° 23-10.013, *RDC* 2024. 4, p. 65
A. TADROS, comm. sous Civ. 3e, 19 sept. 2024, arrêt préc., *RDC* mars 2025, p. 97
J.-B. TAP, note sous Civ. 3e, 11 juill. 2024, n° 23-10.013, pub. *Bull.*, *Revue des sociétés* 2024, p. 708
A. VIANDIER, note sous Civ. 1ère, 8 mars 1988, *Rev. Sociétés* 1988.409
F. ZENATI obs. sous Civ. 1ère, 8 mars 1988, *RTD civ.* 1989.781
F. ZENATI, obs. sous Civ. 1ère, 4 oct. 1989, *RTD civ.* 1990. 687
F. ZENATI, obs. sous Civ. 1ère, 14 janv. 1997, *Bull. civ.* I, n° 22, *RTD civ.* 1998. 414

Table des matières

Structures éditoriales du groupe L'Harmattan

L'Harmattan Italie
Via degli Artisti, 15
10124 Torino
harmattan.italia@gmail.com

L'Harmattan Hongrie
Kossuth l. u. 14-16.
1053 Budapest
harmattan@harmattan.hu

L'Harmattan Sénégal
10 VDN SICAP AMITIE 3
BP 45034 Dakar-Fann
direction@senharmattan.com

L'Harmattan Cameroun
Tsinga/Derrière polyclinique FECAFOOT
BP 11486 Yaoundé
Jacques.koukam@harmattan.fr

L'Harmattan Burkina Faso
Villa 281, secteur 23 623, rue 14.32
Ouagadougou
zagbie@outlook.fr

L'Harmattan Guinée
Almamya, rue KA 028 OKB Agency
BP 3470 Conakry
harmattanguinee@yahoo.fr

L'Harmattan RDC
185, avenue Nyangwe
Commune de Lingwala – Kinshasa
matangilamusadila@yahoo.fr

L'Harmattan Congo
219, avenue Nelson Mandela
BP 2874 Brazzaville
deunovmikhael@gmail.com

L'Harmattan Mali
Immeuble Mgr Jean Marie Cissé
Aci Hamadallaye
BP 145 Bamako
syllaka@yahoo.fr

L'Harmattan Togo
Djidjole – Maison Amela
face EPP BATOME
02 BP 20680 Lomé
didieramela11@gmail.com

L'Harmattan Côte d'Ivoire
Résidence Karl – Cité des Arts
Abidjan-Cocody
03 BP 1588 Abidjan
harmattan.ivoire@gmail.com

L'Harmattan Bénin
Rue 604, (Immeuble à l'entrée
de la rue UCAO- Cite de Saint-Jean)
Cotonou
stepcorpus@gmail.com

Nos librairies en France

Librairie internationale
16, rue des Écoles
75005 Paris
librairie.internationale@harmattan.fr
01 40 46 79 11
www.librairieharmattan.com

Librairie des savoirs
21, rue des Écoles
75005 Paris
librairie.sh@harmattan.fr
01 46 34 13 71
www.librairieharmattansh.com

www.ingramcontent.com/pod-product-compliance
Lightning Source LLC
LaVergne TN
LVHW051357061026
849535LV00009B/3227

* 9 7 8 2 3 3 6 5 6 8 0 0 3 *